HISTORIAS PARA PRINCIPIANTES

RELATOS CORTOS PARA ESTUDIANTES DE ESPAÑOL

GUILLERMO CUADRADO

Creado con Vellum

ÍNDICE

LA CHICA DEL AUTOBÚS

Prefacio 3
En el Autobús 4
Notas de Gramática 6

DÍA DE MUERTOS

Prefacio 9
En Casa de Mario 10
En el Cementerio 11
En la Cabalgata 13
Notas de Gramática 16

NAVIDAD EN MADRID

Prefacio 19
Luces de Navidad 20
Cena de Nochebuena 22
Mañana de Navidad 24
Nochevieja en la Puerta del Sol 26
Cabalgata de Reyes 29
Notas de Gramática 31

EN SAN FERMÍN

Prefacio 35
Camino de Pamplona 36
El "Txupinazo" 37
Corriendo por la Mañana 39
De Vinos por Pamplona 42
A la Mañana Siguiente 44
Final del Camino 47
Notas de Gramática 49

MALENA SALE DE NOCHE

Prefacio 53
En Clase 54
En la Discoteca 56
En la Trastienda 59
Notas de Gramática 61

LA SOMBRA
Prefacio 65
Capítulo 1 66
Capítulo 2 68
Capítulo 3 70
Capítulo 4 72
Capítulo 5 75
Capítulo 6 76
Capítulo 7 79
Capítulo 8 82
Capítulo 9 85
Capítulo 10 88
Capítulo 11 90
Capítulo 12 94
Capítulo 13 97
Capítulo 14 100
Capítulo 15 102
Capítulo 16 104
Capítulo 17 107
Capítulo 18 112
Capítulo 19 115
Capítulo 20 117
Notas de Gramática 120

MADRID 1936
Prefacio 125
Bombas sobre Madrid 127
Camino al Colegio 130
En la Tienda del Barrio 132
En las Trincheras 134
Notas de Gramática 137

MADRID 1942
Prefacio 141
El Médico 144
En el Hospital 149
En el Colegio 152
Complicaciones 154
Epílogo 158
Notas de Gramática 160

MEMORIAS OLVIDADAS DE LA TRANSICIÓN
Prefacio 163
Vitoria, 3 de Marzo de 1976 165
En la Fábrica 167
Por la Ciudad 171
Muerte en la Iglesia de San Francisco 174
Epílogo 178
Notas de Gramática 179

LA CHICA DEL AUTOBÚS

PRIMER CONTACTO CON LA LENGUA CASTELLANA

PREFACIO

Primera historia para principiantes en el estudio del Castellano. Está escrita en un estilo muy sencillo y con un vocabulario restringido.

Es una versión novelada del incidente de Rosa Parks en 1955, en el que la protagonista se enfrentó de manera pacífica a las leyes de segregación vigentes en Estados Unidos en ese momento.

El llamado boicot del autobús de Montgomery (Alabama) fue un episodio de desobediencia civil, que acabó precipitando el cambio de la legislación discriminatoria. En la vida real, la policía detuvo a Rosa Parks.

EN EL AUTOBÚS

La chica está en la parada del autobús. Espera con otras personas. El autobús no aparece; la gente espera desde hace tiempo. Es tarde y la chica está cansada después del trabajo.

El autobús llega finalmente. Es viejo y hace mucho ruido. El conductor abre la puerta y la gente sube al autobús. El autobús se pone en marcha.

Hay bastante gente dentro. La chica está de pie en la parte de adelante. No hay asientos vacíos.

Algunos viajeros la miran. La chica no dice nada. Una señora murmura algo y habla con su acompañante.

El conductor mira por el espejo y ve a la chica. Frena y el autobús se para. La chica mira al conductor. Éste dice a la chica: —Oye, ¡ve a la parte de atrás! —La chica no dice nada, pero no se mueve.

Otros viajeros murmuran y miran a la chica. Sus ojos son hostiles. El conductor sale de su cabina y repite: —Chica, ¡te digo que vayas atrás! ¿No ves el cartel de "Gente de Color, aquí"? ¿O no sabes leer? —Añade, agresivamente.

La chica mira a los ojos del conductor y dice simplemente: —No —. Los murmullos de los pasajeros aumentan. Algunos hacen gestos de desaprobación.

Los viajeros de la zona de pasajeros de color miran a la chica, pero no dicen nada. Saben que la situación es difícil. El conductor da un paso y repite una vez más: —¿Vas a ir para atrás, a tu sitio, o qué?

La chica se mantiene firme y repite una vez más: —No —. Uno de los pasajeros blancos dice: —¡Vámonos, que ya es muy tarde! —El conductor duda: no sabe qué hacer. La chica le mira; aparenta ser firme. Por dentro está asustada.

Se miran a los ojos. El conductor no se decide a usar la fuerza. De repente, se da la vuelta y vuelve a su cabina. El autobús arranca. Los viajeros miran de reojo a la chica, pero nadie se atreve a decir nada.

Unas paradas más tarde el autobús llega a la calle de la chica. Cuando ésta va hacia la puerta de atrás, un anciano de piel oscura le pregunta: —Oye chica, ¿cómo te llamas? —Ella contesta: —Rosa. Rosa Parks—.

El anciano sonríe y dice: —¡Has sido muy valiente, Rosa! —Ella se encoge de hombros, sonríe y se baja del autobús.

NOTAS DE GRAMÁTICA

Esta historia está en presente de indicativo y utiliza pocos adjetivos y algún adverbio (p.ej. "agresivamente").

En una frase aparece el imperativo ("ve a la parte de atrás") y en otra una expresión algo más compleja ("te digo que vayas atrás"), en la que la segunda está en presente de subjuntivo.

El verbo "ir" es muy irregular:

1) Presente de indicativo: yo voy, tú vas, ella/él va, nosotros vamos, vosotros vais, ellos van.

2) Pretérito imperfecto: yo iba, tú ibas, ella/él iba, nosotros íbamos, vosotros ibais, ellos iban.

DÍA DE MUERTOS

TRADICIONES ALREDEDOR DEL DÍA DE LOS DIFUNTOS

PREFACIO

Una historia sencilla basada en la tradición del Día de Muertos en México. En cierto modo parecida al Halloween en la tradición anglosajona, la versión mexicana pone el énfasis en la celebración de la vida.

La narración explora una de las cabalgatas que transcurre por el centro de Ciudad de México y relata las vivencias de un chico joven.

EN CASA DE MARIO

Mario está en su casa. Es el 2 de Noviembre, el segundo Día de Muertos. En México este día se recuerda a los familiares y amigos que ya no están. En casa de Mario falta la abuela desde el año pasado. Para recordar a la abuela, la familia de Mario pone un "altar de muertos". Allí, colocan platos de comida, dulces y frutas. También hay velas, flores y fotos de los familiares muertos.

En la tradición mexicana, los muertos visitan a sus familiares el Día de Muertos. El altar de esta casa es muy bonito. Mario lo mira, recordando a su abuela.

De repente, una ráfaga de viento mueve los visillos de la ventana. Mario dice: —Abuela, ¿eres tú? —Silencio. Mario se asusta un poco. Repite: —¿Abuela? —No sucede nada.

—Mario, ¿pasa algo? —dice su madre. Mario contesta: —No, mamá. Creo que no —. Mario se pregunta si la abuela ha venido a visitarle. Él quería mucho a su abuela. Ella le hacía su plato favorito: ¡fajitas!

La madre dice: —Venga, Mario, nos vamos al cementerio a visitar la tumba de la abuela.

EN EL CEMENTERIO

Mario y su madre van a la parada del autobús y esperan a que llegue el número 4. Cuando llega, el bus está muy lleno. Mario y su madre se bajan en la parada del Museo San Carlos.

El cementerio se llama Panteón de San Fernando y está cerca de la parada del autobús. Los dos caminan hasta la puerta del cementerio.

Allí hay un puesto que vende flores. La madre de Mario compra un ramo de flores de color naranja, típicas de estas fiestas. En México llaman a estas flores *cempasúchil*, una palabra de los Aztecas. En España se llaman *tagetes* o también caléndulas. Algunos mexicanos creen que estas flores sirven para guiar a las almas de los muertos hasta el altar.

Mario camina con su madre hasta la tumba de la abuela. La madre recoge flores viejas y las hojas que han caído de los árboles. Mario la ayuda a poner las cosas que han traído para recordar a la abuela. La madre coloca una foto de la abuela. Mientras, Mario coloca el ramo de flores y una calavera de cera y pasta de papel.

Al pensar en la abuela, Mario se pone triste. Le da pena no tenerla con ellos. La abuela era muy cariñosa. Su madre le consuela: —Mario, no te pongas triste. En el Día de Muertos recordamos a los que se fueron, pero ¡hoy es un día para celebrar la vida!

Mario no está muy seguro. —¡Vamos a la procesión! —dice la madre—. Seguro que ves a algún amigo allí.

La madre y Mario salen del cementerio y en el Paseo de la Reforma se cruzan con la cabalgata del Día de Muertos.

EN LA CABALGATA

Hay mucha gente por la calle. Algunas personas Llevan trajes antiguos y máscaras de calaveras. Los mexicanos los llaman Catrinas y Catrinos. Pasan carrozas muy grandes, decoradas con flores y calaveras.

En las calles las ventanas y los portales están adornados con esqueletos, flores y calaveras. También hay altares de muertos en algunas esquinas. Algunos tienen figuras de santos. Bandas de música acompañan a algunas carrozas. ¡Hay mucho ruido! La música y el bullicio animan a Mario. Sonríe al ver algunas de las Catrinas y se asusta un poco al ver tantas calaveras. No dice nada porque quiere ser fuerte.

Al pasar por una pastelería su madre entra a comprar unos dulces típicos de esas fiestas: calabazates. Muchos mexicanos los cocinan en sus casas.

—¡Mario, Mario!—Se oye gritar. Mario se vuelve y ve a su amigo Carlos que corre hacia él. —¡Vamos a la catedral! —dice Carlos —¡Allí está lo mejor de la fiesta!— Mario mira a su madre. Ésta sonríe y le dice que puede ir con su amigo.

Los chicos corren, adelantando a las carrozas, los músicos y a la gente que desfila por las calles.

Carlos y Mario se ríen y señalan a Catrinos y Catrinas especialmente llamativos. Mario ya no se acuerda de su tristeza en el cementerio, ni del susto de su casa. Hay más niños por las calles. Alguno más pequeño llora porque los esqueletos le dan miedo. Sus padres intentan consolarle.

Al pasar por una casa oyen unas voces que los llaman: —¡Eh! ¿Dónde vais? —dicen unas chicas desde el balcón. —¡A la plaza de la catedral!—, contesta Mario. Las chicas se ríen.

Carlos pregunta: —¿Queréis venir? —Las chicas se miran entre sí. Una entra en la casa. Vuelve enseguida y dice: —Esperad, que bajamos.

Las tres chicas se acercan a Carlos y a Mario y los cinco se van por la calle, siguiendo a la cabalgata. Cuando llegan a la Plaza de la Constitución se acercan a un escenario. Un grupo mariachi toca música popular mexicana. Los chicos conocen algunas de las canciones y bailan con las chicas. Se divierten toda la tarde con la música de la trompeta, la guitarra y el acordeón.

Cuando empieza a oscurecer una de las chicas dice: —Nos tenemos que ir. Si no, habrá problemas en casa. —Mario sonríe. Carlos dice: —¡Gracias por acompañarnos, ha sido muy divertido!—

Los chicos acompañan a las chicas hasta su casa y luego van a la parada del autobús. Carlos vive cerca de Mario. Se bajan en la misma parada y luego cada uno va a su casa. —Hasta mañana, Carlos—. Dice Mario. —Hasta mañana—, contesta éste.

Al entrar en su casa, la madre de Mario le pregunta: —¿Está todo bien? —Mario contesta, con ojos brillantes: —¡Sí!

¡La vida es bonita!— La madre no dice nada, pero sonríe para sí. La vida y la muerte van de la mano. Sabe que Mario entiende esto ahora.

NOTAS DE GRAMÁTICA

También escrita en presente de indicativo, aparece algún otro tiempo: "… quería…" o "… le hacía…"

El idioma Castellano tiene una sintaxis del verbo algo más complicada que las lenguas anglo-sajonas, con distintos matices dependiendo de la lejanía en el tiempo o del tipo de acción. El **pretérito imperfecto** denota una acción continuada en un tiempo pasado. Aquí, "le hacía" se refiere a que la abuela cocinaba con frecuencia el plato favorito de Mario.

Ser y estar. Son verbos cuyo uso confunde a muchos estudiantes extranjeros:

1) **Ser** denota una característica permanente, por ejemplo ser alto o bajo.

2) **Estar** se refiere a algo transitorio, como una enfermedad (estoy enfermo), emoción (estoy contento) o situación. En el texto, "… el bus está muy lleno" en ese momento.

Cempasúchil o Tagetes son unas flores naranjas.

Cabalgata: procesión, generalmente con carrozas que desfila por el interior de una ciudad para celebrar ocasiones especiales.

NAVIDAD EN MADRID

COSTUMBRES Y TRADICIONES NAVIDEÑAS EN MADRID

PREFACIO

Navidad en Madrid discurre por zonas céntricas de la capital de España. Al mismo tiempo, presenta tradiciones típicamente madrileñas alrededor de las fiestas de nochebuena, navidad, fin de año y reyes.

LUCES DE NAVIDAD

Al salir de clase Lucía quiere ir al centro de la ciudad. Es el 23 de Diciembre, el último día de clase antes de Navidad. Lucía es de Burgos, una ciudad del norte de España. Estudia ingeniería de telecomunicaciones en la Universidad Politécnica de Madrid. Durante el curso vive con sus tíos en un piso en Carabanchel.

Hoy, Lucía quiere comprar algunos regalos para su familia. En el campus toma un autobús que la Lleva a la calle de la Princesa. Hay mucha gente.

Lucía entra en unos grandes almacenes. Compra unos guantes para su tía y un sombrero para su tío. Cuando sale, Lucía se fija en las luces que adornan las calles. Hay de muchos colores. Es muy bonito. Lucía pasea por la Calle de la Princesa. Se para a mirar algunas tiendas. Casi todas tienen adornos de Navidad.

En la Plaza de España hay un gran árbol de Navidad. Alrededor hay un mercadillo navideño. Los puestos venden productos típicos: bolas de colores para el árbol, figuras para el nacimiento y guirnaldas doradas y rojas.

Lucía sigue por la Gran Vía camino de la Plaza del Callao. Las luces de los teatros brillan mucho. Lucía lee los carteles. Le gusta mucho el teatro.

En Callao se para: hay muchísima gente. La Calle Preciados parece un hormiguero. Lucía decide volver a casa. Entra en el Metro y toma la línea 5 hasta Carabanchel.

CENA DE NOCHEBUENA

El día siguiente es Nochebuena, el 24 de Diciembre. Por la mañana Lucía acompaña a su tía para hacer las últimas compras para la cena. Como en otros países, en España es tradición cenar en familia ese día.

Lucía y su tía compran mariscos para hacer sopa de pescado. También compran cordero para hacerlo asado. Come todos los años, va a haber mucha comida. Demasiada.

Cuando llegan a casa, Lucía ayuda a a su tío a poner el árbol. Pone adornos de colores y al final unas luces eléctricas. Lucía mira el árbol. No es tan bonito como el de la Plaza de España, pero no está mal.

En la radio ponen canciones tradicionales de Navidad: villancicos. Esta música alegra la casa. Lucía sonríe.

A las ocho de la tarde llega la familia de su primo. Juan es mayor que Lucía. Viene con su mujer, Carmen, y con su hija, Adela. La niña tiene tres meses y va en un cochecito.

A las nueve empieza la cena. La tía Susana trae la sopa. ¡Está muy buena! En la mesa hay platos con queso, jamón y pequeños canapés. También hay patatas fritas y pan. Adela duerme en su coche. La madre la mira de vez en cuando.

Después de la sopa viene el asado. Lucía ya no tiene hambre. Ha comido mucho ya. Pide una ración pequeña. Después de la cena Lucía ayuda a su primo Juan a recoger la mesa. Llevan los platos y los cubiertos a la cocina. Luego se sientan a ver la televisión. Los padres de Lucía llaman para felicitar la Navidad a su familia. Lucía recibe muchos mensajes en su teléfono móvil.

MAÑANA DE NAVIDAD

En España no hay costumbre de dar regalos en Nochebuena. La mayoría de las familias conservan la tradición del día de Reyes. Las que tienen niños suelen repartir juguetes para los pequeños el día de Navidad. Lucía recuerda la ilusión de cuando era niña. Ahora es un poco distinto. Es mayor, pero a todos nos gustan los regalos: ¡alguien se acuerda de nosotros!

Lucía y sus tíos se levantan y ven algunos paquetes debajo del árbol de Navidad. Lucía encuentra un sobre; sus tíos le regalan dinero. Los estudiantes siempre necesitan dinero. También hay otro paquete para ella. —¿De quién es? — Se pregunta Lucía. Rompe el papel y dentro hay un libro. Es de Laura Gallego, de la serie de Idhún. Es su escritora favorita. Lucía sonríe: su primo Juan siempre se acuerda de mandarle un regalo por su cumpleaños o en Navidad.

Los tíos se ponen contentos cuando ven los regalos de Lucía. Todos se abrazan y se dan besos.

Antes de comer llegan los padres de Lucía. Han venido en tren desde Burgos para estar todos juntos por Navidad. Vienen con la hermana pequeña de Lucía, Marta, de 15 años. Las hermanas tienen mucho que contarse. Marta pregunta a Lucía por su vida en Madrid, por la universidad, por sus amigos. Quiere saberlo todo. —¿Tienes novio? —Le pregunta, sonriendo.

Los hombres van a la cocina a preparar la paella. No es un plato típico de Navidad, pero es fácil de cocinar. Las mujeres hablan y luego ayudan a sus maridos a poner la mesa.

Después de comer, Marta y Lucía salen un rato. La familia está bien, pero no demasiado tiempo. Van al cine. Eligen una buena película y pasan la tarde allí. Se despiden de sus padres, que volverán a Burgos por la noche. Marta se queda unos días con Lucía.

Cuando vuelven a casa de sus tíos, sus padres se han ido ya. Las chicas duermen en la habitación de Lucía.

NOCHEVIEJA EN LA PUERTA DEL SOL

El 31 de Diciembre es la fiesta de fin de año. Mucha gente sale a cenar y celebrar el año nuevo fuera de casa. En España es tradición comer doce uvas cuando dan las campanadas de la media noche. Muchas familias toman las uvas juntos y luego los más jóvenes van de fiesta, a veces toda la noche.

En Madrid mucha gente va al centro, a la Puerta del Sol. Hay un reloj muy famoso en España y el día de fin de año la plaza se llena de gente. Marta y Lucía quieren ir a tomar las uvas a Sol.

Los tíos les dicen: —Tened cuidado, porque hay ladrones que suelen robar el dinero a los turistas si no se presta atención—. Las chicas sólo Llevan el billete del metro y unos pocos euros. También tienen las entradas para una sala de fiesta. Llevan el teléfono móvil bien escondido, por si acaso.

La Puerta del Sol está llenísima. La gente bebe champán y tira serpentinas y confetti. Hay mucho ruido.

Las chicas consiguen acercarse un poco al reloj. Son las once y media; todavía falta un rato para la media noche. Miran a su alrededor. En varios de los edificios ven cámaras de televisión: algunas cadenas retransmiten las campanadas y la entrada del año nuevo desde la Puerta del Sol.

A medida que se acercan las doce de la noche la gente se pone nerviosa. Cada vez hay más ruido. A las doce menos cinco Lucía saca de su mochila dos paquetes de cartón, cada uno con las doce uvas. Le da uno a Marta y ella se queda el otro.

Un minuto antes de las doce el reloj empieza a hacer ruido: una gran bola dorada empieza a bajar. Hace un ruido característico, una serie de campanadas muy seguidas. La gente empieza a gritar. En el reloj suenan las campanas cuatro veces. Se llaman "los cuartos".

Algunas personas se confunden y empiezan a comer las uvas. Marta y Lucía saben que hay que esperar. Después de los cuartos empiezan a sonar las campanadas. El sonido es más profundo que el de los cuartos. Las chicas empiezan a comer las uvas de una en una, al tiempo de las campanadas. La gente corea, contando los toques: —Uno, dos, tres... — Cuando suena la última campanada la gente empieza a saltar y a bailar, gritando: —¡Feliz año nuevo! —Algunos abren botellas de cava y beben en copas de plástico. No se puede Llevar cristal a la Puerta del Sol para evitar accidentes. La policía vigila.

Después de tomar las uvas las chicas bajan por la calle Arenal a una sala de fiestas. Dan las entradas al portero y entran en el local. Hay música en vivo y mucha gente bailando. Las chicas se divierten con sus canciones favoritas.

Algunos chicos se fijan en ellas, pero las hermanas no les hacen caso.

Después de la fiesta las chicas van a la chocolatería de San Ginés. Está cerca y van andando, aunque es tarde. Por la calle sigue habiendo mucha gente, ¡como durante el día!

En la chocolatería hay muchos jóvenes tomando chocolate con churros. Es típico de la noche de Año Nuevo. El chocolate está caliente y sienta bien a las chicas: hace frío en la madrugada madrileña. Al salir de la chocolatería las chicas cogen un taxi que las Lleva a la casa de sus tíos.

CABALGATA DE REYES

La tradición cristiana celebra el seis de Enero la visita de tres magos de Oriente al niño Jesús en Nazaret. En España se dan los regalos a los niños esa mañana. Muchos niños escriben cartas a los Reyes Magos. Les piden los regalos que quieren ese año.

La noche del día cinco, las familias ponen platos con zanahorias para los camellos de los Reyes Magos. Los niños más pequeños esperan ilusionados los regalos de los Reyes. No pueden dormir por la noche y se levantan muy pronto para ver lo que han recibido.

El día cinco, los pueblos y ciudades organizan una cabalgata. Hay carrozas y gente disfrazada de "Reyes Magos" que echa caramelos y dulces a los chicos al pasar. También hay bandas de música que acompañan a la cabalgata.

Marta y Lucía van a ver la cabalgata del barrio de Carabanchel. Ya son mayores, pero se acuerdan de otros años. La ilusión es la misma.

El día seis las chicas desayunan el roscón de Reyes. Es un dulce ovalado, como una "O" muy grande. El que ha comprado su tío está relleno de trufa. ¡Delicioso!

Después de comer Lucía acompaña a Marta a la estación del Norte. Marta vuelve a Burgos, pues el colegio empieza al día siguiente. Lucía también empieza las clases el siete de Enero. Las chicas se abrazan y se despiden. Marta sube al tren y saluda a Lucía desde la ventana de su vagón. Lucía espera unos minutos y el tren arranca a la hora prevista.

Lucía está algo triste: quiere mucho a su hermana y le da pena quedarse sola. El curso en la universidad es largo, pero merece la pena. Le gusta lo que estudia y espera poder encontrar un trabajo bueno después de estudiar. Vuelve al Metro que la Lleva al barrio de sus tíos.

NOTAS DE GRAMÁTICA

Guirnaldas: tiras de adorno de colores brillantes, generalmente doradas, plateadas o rojas.

Churros: lazos de masa fritos en mucho aceite, con azúcar en polvo por encima. Muy típicos de Madrid.

En esta historia el vocabulario es algo más amplio, manteniendo sin embargo estructuras gramaticales sencillas para facilitar la comprensión. Por ejemplo, frases cortas y verbos en presente de indicativo.

EN SAN FERMÍN

UNA MIRADA A LOS ENCIERROS

PREFACIO

La historia transcurre en Pamplona durante las fiestas de San Fermín. A través de los ojos del protagonista, el lector conocerá lo más típico de esas fiestas. El relato contiene un pequeño elemento fantástico, que intenta presentar la fiesta desde el punto de vista de los toros.

CAMINO DE PAMPLONA

Manuel abre su mochila y saca una botella de agua, la abre y bebe un trago. Manuel ofrece la botella a su amigo Pablo. Éste rechaza: —No, gracias. Quizá más tarde, Manu.

Los dos amigos van en autobús hacia Pamplona después de terminar los exámenes. Es el 6 de Julio, el inicio de las fiestas de San Fermín, conocidas como *sanfermines*. Son las 10 de la mañana y falta poco para llegar a Pamplona. Los amigos han tenido que levantarse muy pronto para coger el autocar.

Un poco más tarde el autobús llega a la estación de Pamplona. Manuel y Pablo se bajan, Llevando sus mochilas a cuestas. Van andando hasta la pensión que han contratado y dejan allí sus cosas. Se visten con las ropas típicas de los *mozos*: pantalones y camisa blanca, zapatillas cómodas y un pañuelo rojo al cuello.

EL "TXUPINAZO"

Los chicos salen de la pensión y van a la Plaza del Ayuntamiento. Es difícil acercarse: hay mucha gente por las calles. Por fin llegan a la plaza. La gente está muy junta, ondeando pañuelos rojos. Algunos Llevan una *ikurriña*, la bandera del País Vasco.

Los balcones de las casas alrededor de la plaza están llenas de personas que contemplan el espectáculo.

A las 12 en punto, los encargados que están en el balcón del ayuntamiento gritan las frases rituales: —Pamploneses, Pamplonesas ¡Viva San Fermín! —y disparan el cohete. El *Txupinazo* señala el inicio de las fiestas. La gente empieza a gritar aun más fuerte. Muchos saltan y bailan, preparándose para nueve días de música, toros, vino y cerveza.

Manuel y Pablo siguen a la marea de gente y salen de la plaza. Van a la Churrería de la Mañueta, una tienda con más de 140 años de historia que abre en San Fermín para vender su producto emblemático: los churros.

Los chicos miran los fogones donde los artesanos fríen la masa. Son cocinas de leña del siglo XIX. Hace muchísimo calor, porque el fuego de los fogones está muy fuerte. Pablo compra una ración y salen a comerse los churros a la calle.

Por una de las calles se encuentran con los *Gigantes y Cabezudos*. Son unas figuras muy típicas de las fiestas en España: los gigantes miden 3 metros y los cabezudos persiguen a la gente con latiguillos. Algunos niños pequeños se asustan y lloran: ¡los cabezudos son muy feos! Uno de los cabezudos corre blandiendo una vara de espuma y va pegando a los viandantes. Aunque no hace daño, Pablo y Manuel lo esquivan como pueden.

Al pasar por una iglesia ven la procesión de San Fermín. La gente de Pamplona va a rezar al santo, pidiendo favores o protección. A los chicos no les interesa mucho la religión y pasan de largo.

Por la tarde van al casino y se encuentran con el baile de la alpargata, una fiesta en la que se toca música popular y la gente baila en los salones. Se encuentran a unas chicas de su edad y empiezan a bailar con ellas. Manuel no baila muy bien, pero sigue el ritmo de la música como puede.

Cuando termina el baile, el grupo de nuevos amigos va a un mesón para comer unas tapas, algún bocadillo y a beber. Todos tienen sed. Algunos piden chatos de vino, otros cervezas y Pablo, que no bebe, pide un refresco.

Poco a poco va pasando la tarde. Los chicos se cruzan con bandas de músicos callejeros. Siguen bailando con las chicas, riendo y gritando. A última hora se sientan a ver los fuegos artificiales que organiza el ayuntamiento.

Cuando termina el espectáculo Manuel y Pablo vuelven a su pensión. Quieren ir a correr el encierro al día siguiente y se han levantado muy pronto para coger el autobús. El resto decide seguir la fiesta por la noche.

CORRIENDO POR LA MAÑANA

A la mañana siguiente Manuel se despierta pronto y llama a Pablo. Hay que ir temprano, porque el encierro empieza a las 8 en punto y sólo se puede pasar un rato antes. La policía vigila que no pase nadie que esté borracho: los toros son peligrosos y el alcohol es mal acompañante.

Los chicos buscan un sitio a mitad del camino, en la calle de la Estafeta justo después de la curva. Los toros suben por la cuesta de Santo Domingo, pasan cerca de la Plaza del Ayuntamiento y acaban entrando en la calle en la que están Manuel y Pablo. Desde allí suben hasta la plaza de toros de Pamplona. Son casi 900 metros y nadie intenta hacer la carrera entera: ¡los toros son más rápidos que las personas!

Manuel mira su reloj: las siete menos cinco; en pocos minutos empezará el encierro. Muchos corredores hacen ejercicios de calentamiento, preparándose para la carrera. Los chicos ven a algunos hombres vestidos de verde andando por la calle con varas largas. Son los *Pastores*, encargados de guiar a los toros y evitar que haya accidentes.

Los toros de los *sanfermines* son muy grandes, de 550 a 600 kilos y pueden ir a 25 km por hora, incluso más rápido. Hay 6 toros de lidia y 8 mansos o *cabestros*, que acompañan a los bravos y están adiestrados para que la manada se mantenga unida.

A las 8 el encargado de los *corralillos* dispara el cohete que anuncia que se abre la puerta y que los toros salen a la calle. Un murmullo se extiende por la calle de la Estafeta y la gente estira el cuello para ver si los toros se acercan. La excitación es palpable y la adrenalina fluye por las venas de los participantes.

De repente, la gente empieza a moverse: los toros se acercan. Manuel y Pablo empiezan a trotar mirando hacia atrás, intentando ver por dónde vienen los toros. Hay muchos corredores y algunos se empujan, intentando coger buenas posiciones. Manuel ve a uno de los cabestros y empieza a correr más deprisa. Pablo corre a su lado.

En la curva de la Estafeta empiezan a correr al máximo de sus fuerzas. Los toros vienen muy juntos, pero esa curva es muy cerrada y no pueden frenar a tiempo. Algunos de los toros se golpean contra las barreras y caen al suelo. Uno se levanta muy rápido y empieza a correr tras Manuel y Pablo. Estos oyen los gritos de la gente y, sintiendo el aliento del toro a muy poca distancia, buscan una barrera para quitarse de en medio. Consiguen saltar a tiempo, cada uno a un lado de la calle.

Ven pasar al toro y cómo da un topetazo a un corredor rezagado. Este salta por los aires, pero tiene suerte y cae sin hacerse mucho daño. Unos enfermeros se acercan a comprobar si está bien. El hombre dice que sí, se levanta e intenta seguir el encierro, pero los enfermeros le obligan a ir a la ambulancia para curarle los raspones. En todos los encierros hay heridos, muchos por caídas, otros más pisoteados por otros corredores o por los toros. En algunos encierros algún toro cornea a un corredor. Estas heridas son las más peligrosas. Ha habido 15 muertos en los *sanfermines*, el último en 2009. Manuel se alegra de que no les haya pasado nada.

Los chicos bajan de la barrera y vuelven a correr por la calle de la Estafeta detrás de los toros, camino de la plaza. Van con cuidado, porque algún toro podría darse la vuelta y embestirlos. Por suerte esta vez no sucede nada y acaban entrando en el *ruedo*. Los toros siguen directamente a los toriles: son animales inteligentes y aprenden enseguida a distinguir los engaños de los mozos.

Una vez recogidos los toros bravos, los empleados de la plaza sueltan vaquillas, mucho más pequeñas y con los pitones *embolados*. Los topes que les ponen en los cuernos evitan cornadas peligrosas. En los *sanfermines* no se permite a los corredores maltratar a las vaquillas, ni encender los embolados de los cuernos.

DE VINOS POR PAMPLONA

Después del encierro Manuel y Pablo están agotados: el esfuerzo físico de correr muy deprisa, el miedo a toros de casi 600 kilos corriendo a su alrededor, la adrenalina…

Buscan un mesón en el que comer alguna tapa o pincho. En el País Vasco y Navarra ir de mesones se llama *el poteo*. Los mejores sitios están por el centro, cerca de la plaza de toros y del ayuntamiento.

Les han hablado bien de —Iruñazarra—, un bar de pinchos que, aparte de buenos vinos, tienen sidra. Manuel pide una ración de *txistorra*, un chorizo frito. Pablo encarga un pincho de tortilla de bacalao. Los pinchos están deliciosos y Manuel bebe un par de vasos de sidra, mientras Pablo pide refrescos.

Después siguen por las calles, parando de vez en cuando en un bar para beber un vino y seguir probando tapas. Al cabo de un rato Manuel está un poco mareado. Insiste en ir a buscar a las chicas del día anterior, aunque va a ser difícil encontrarlas porque hay muchísima gente por todas partes.

Vuelven al casino por si las chicas estuvieran allí. Efectivamente las encuentran en el salón de baile. Manuel intenta bailar con Raquel, una de ellas, pero tropieza con otra pareja. Intenta guardar el equilibrio pero choca contra una mesa y arrastra el mantel con las bebidas que había encima. Cae al suelo con gran alboroto y ruido de cristales rotos. De repente, se hace un gran silencio. Manuel no puede levantarse solo, porque la cabeza le da vueltas. Los ojos de la gente están fijos en su figura maltrecha.

El encargado del local le ayuda a levantarse y le acompaña hasta la puerta. Manuel no puede quedarse. Al salir a la calle Manuel está desorientado. Camina con paso inseguro, tropezando de vez en cuando. La gente evita cruzarse con él. Algunos mozos se ríen: —¡Menuda *cogorza* Lleva ese!

Manuel sigue andando, tratando de volver a su pensión. No sabe muy bien dónde está ni cómo llegar a su albergue. Al doblar una esquina se choca con una persona que no había visto. —¡Eh! ¡Quí-quítate de en medio!—, tartamudea Manuel. El hombre, muy alto y vestido de negro, se da la vuelta y mira a Manuel con un fulgor rojizo en sus ojos. Está muy delgado y Lleva un sombrero negro de ala ancha y una especie de capa, como los caballeros del siglo XVI. Apenas se le distinguen las facciones en la oscuridad del callejón. —¿Cómo dices, niñato? —pregunta, con una voz espectral. Manuel, envalentonado por el alcohol insiste: —¡Te digo que te quites de en medio!

De repente, el hombre susurra unas palabras que Manuel no comprende y hace unos gestos misteriosos con las manos mientras continúa con sus murmullos. Manuel intenta empujar a la figura de negro, pero éste lo esquiva y Manuel acaba en el suelo. El hombre de negro desaparece en la noche. Manuel quiere levantarse, pero le fallan las fuerzas y se queda sentado en el suelo. Al cabo de unos segundos está dormido, apoyado contra la pared.

A LA MAÑANA SIGUIENTE

Amanece. Manuel empieza a despertarse lentamente. Le duele todo el cuerpo y la cabeza parece que le va a estallar. Sin duda bebió demasiado vino el día anterior.

Manuel se siente raro. ¿Dónde está? De repente se da cuenta que hay toros a su alrededor. Manuel se asusta muchísimo. ¿Cómo ha llegado hasta los corrales? Mira hacia el suelo y ve que en lugar de sus piernas tiene dos patas negras con cascos, como los otros animales que están con él. ¿Qué le ha pasado? ¿En qué se ha convertido durante la noche? Intenta decir algo, pero solo oye un mugido cuando abre la boca. —¿Qué voy a hacer? —Se pregunta.

En ese momento se abre la puerta y los *cabestros* empiezan a salir del recinto. Hombres vestidos de verde, los *pastores*, azuzan a los toros con varas muy largas. Los otros animales empiezan a correr hacia la salida. Manuel intenta quedarse quieto, pero el instinto de su huésped toma el control y empieza a correr también. La adrenalina del toro empieza a correr por las venas de Manuel y le nubla el entendimiento.

Manuel corre con los otros toros, el ruido de los cascos sobre el asfalto es ensordecedor. Los cencerros de los cabestros aumentan el estruendo. Los toros suben por la Cuesta del Castillo, donde esperan los primeros mozos. Estos salen corriendo, intentando dejar pasar a la manada. Manuel siente cómo sus poderosos músculos mueven sus patas, impulsando a su montura por la cuesta arriba.

Al llegar a la curva de la Estafeta un chico cae al suelo y uno de los toros lo atropella. La excitación de los corredores es contagiosa: Manuel puede oler a través de las ventanas de la nariz del toro la excitación y la adrenalina de los mozos. Su instinto agresivo se dispara. Un mozo se le acerca con una revista enrollada como si fuera una porra corta. Aunque prohibido en Pamplona, el corredor golpea el lomo de Manuel. Éste se revuelve, la rabia aumentando su agresividad. El mozo intenta escapar, pero Manuel le engancha la camisa con un cuerno y con un giro brusco del cuello lo levanta en vilo.

El hombre intenta enderezarse y soltarse, pero el cuerno le ha cogido el cinturón rojo y no se puede bajar él solo. Intenta sujetarse a los cuernos, pero Manuel se enfurece aun más y con otra sacudida poderosa manda al mozo volando unos metros más allá, con la ropa destrozada. Manuel arranca a correr otra vez acercándose a su acosador, pero por suerte para éste otros mozos lo sacan de la calle.

Manuel sigue corriendo con el corazón latiendo muy deprisa. Él también tiene miedo: hay mucha gente y mucho ruido a su alrededor. Aunque es un animal bravo, está en una situación muy extraña.

Los toros toman la curva como pueden y siguen corriendo por la calle de la Estafeta. Van todos muy juntos y Manuel corre con el resto. Manuel siente el poderío de sus 600 kilos. Los músculos se mueven con coordinación absoluta y alcanza fácilmente los 25 km por hora. Resopla, pero puede seguir corriendo mucho más. El miedo le empuja a correr aún más rápidamente.

Al subir la cuesta camino de la plaza hay tanta gente que algunos estiran el brazo y tocan los flancos de los toros. Uno se acerca a Manuel. Éste se gira y da un topetazo al mozo, que sale rodando por la calle. Varios mozos caen al suelo y algunos son atropellados por la manada. En este encierro hay siete heridos, pero ninguno por asta de toro.

Los toros entran en la plaza y la cruzan hacia una puerta en el otro extremo. Intentan escapar de la multitud y, acompañados por los mansos, entran en los toriles. Todo está muy oscuro. Cada toro acaba entrando en los *chiqueros*, el pequeño recinto en el que esperará a la corrida de por la tarde. Manuel no ve nada y pierde el conocimiento.

FINAL DEL CAMINO

Pablo zarandea a su amigo: —¡Manuel! ¡Manuel, despierta!

Manuel abre un ojo, confundido. Entra luz por la ventana. Su cabeza sigue doliéndole y no sabe dónde está.

—Manuel, ¿estás bien? ¡Me has dado un susto de muerte! —Es la voz de Pablo. —¿Cómo has llegado hasta aquí? ¡Anoche estabas borracho como una cuba! —Manuel no sabe qué decir. Recuerda vagamente su encuentro con la figura de negro y... ¿el encierro?

Manuel consigue ponerse de pie apoyándose en el hombro de Pablo. Están en su habitación en la pensión. No tiene ni idea de cómo llegó desde el callejón. Las últimas horas están borrosas en su mente: los chatos de vino, el casino, vagando por las calles de Pamplona...

Piensa en la carrera del encierro. ¿Ha sido todo un sueño? Algunas de las sensaciones que recuerda le parecen totalmente reales.

—He tenido una pesadilla por el vino—, dice Manuel. —Creo que ya he tenido suficientes emociones en estos *sanfermines.* Volvamos a casa esta tarde, Pablo.

—¡De lo que seguro has tenido bastante es del vino! —Ríe éste. Los dos amigos se sientan en la cama y siguen riendo.

NOTAS DE GRAMÁTICA

Alguna expresión algo más compleja: “la policía vigila **que no pase** nadie”. El objeto del verbo de la primera frase (vigilar) es otra frase (no pasar). En este caso, se utiliza el presente de subjuntivo. Hay estructuras similares en Alemán e Inglés.

Seguir doliendo: expresión relativamente frecuente, que refleja una acción o situación que continúa en el tiempo hasta el presente. Algo que empezó antes (doler la cabeza en este caso) y que sigue ocurriendo en ese momento.

Txupinazo: (“chupinazo”) el disparo de un cohete que señala el inicio de las fiestas de San Fermín en Pamplona. Dichas fiestas se llaman popularmente *los sanfermines*.

Cabestros: toros mansos, entrenados para dirigir a los toros bravos durante el encierro y en la plaza de toros.

Cogorza: coloquialmente, borrachera.

Doblar una esquina: girar por una calle perpendicular a la del sentido de la marcha.

MALENA SALE DE NOCHE

PREFACIO

Algo más compleja de temática y de lenguaje, la historia transcurre en la noche madrileña. Mientras la escribía se publicó la tristemente famosa sentencia de —La Manada—. La denunciante, una chica de 18 años, acusó a cinco hombres de violarla repetidamente durante las fiestas de San Fermín.

Independientemente de la opinión de cada uno al respecto de la sentencia, la historia da un giro singular a asuntos del mismo tipo.

Nota para el profesor: esta historia puede no ser adecuada para estudiantes más jóvenes.

EN CLASE

Malena se aburre en la clase de filosofía. El profesor no para de hablar en un tono de voz monótono, sin altos ni bajos. Malena desconecta. Empieza a pensar en lo que quiere hacer el resto del día. Repasa mentalmente su recorrido nocturno, eligiendo locales en una zona de disco-bares que conoce bien. Ella es una asidua de esos establecimientos.

El profesor sigue hablando de Kant y Hegel, pero Malena no distingue lo que dice. Sigue pensando en la noche: es viernes y tiene por delante todo el *finde*. Elige la ropa que se va a poner: le gusta ir bien vestida, pero no despampanante. Prefiere ropa y zapatos cómodos con un toque de clase. Mentalmente revisa el contenido de su armario y sonríe. Ya sabe lo que se va a poner: un *top* discreto, una chaqueta clara, vaqueros y zapatillas deportivas de la marca que le gusta.

Malena cierra los ojos, arrullada por el sonido hipnótico de la voz del profesor. De repente abre los ojos y la clase ha terminado. Sus compañeros se levantan y ella cierra el libro y sale del aula también.

Coge el metro que la lleva hasta su barrio. Malena vive en Chamberí, un barrio antiguo de Madrid. Ella comparte un piso con otras estudiantes. Después de clase va unas horas a trabajar de camarera a un bar de la zona. No la pagan bien, pero estando unas horas detrás de la barra saca lo suficiente para pagar la habitación y para sus gastos. Su sonrisa le consigue propinas, aunque a veces tiene que *parar los pies* a algún cliente. Las camareras tienen que aguantar a algunos que quieren propasarse con ellas.

A las nueve de la noche termina su turno. Malena cierra su caja y se despide de su compañera Carmen: —Hasta la próxima, Carmen —dice Malena. —¿Qué vas a hacer esta noche? —pregunta ésta. —Me voy a acercar un rato al disco bar de la calle Covarrubias—, dice Malena.

—¡Que te diviertas!—contesta Carmen. Malena sonríe para sí. *Desde luego que sí*, piensa, *seguro que me voy a divertir*.

EN LA DISCOTECA

Malena Lleva un rato en el disco-bar. El bajo de los altavoces atruena los oídos de los presentes con su *bum-bum-bum*. Ella está apoyada en la barra, con una bebida en su mano. No le gusta mucho beber alcohol, pero toma un *cubalibre* de vez en cuando. Se fija en dos hombres que están en el otro extremo de la sala. Están hablando entre sí y la miran de reojo de vez en cuando. Malena los ignora y se acerca a la pista de baile. Deja su vaso encima de una de las mesas y se pone a bailar. Le gusta la música que ponen en ese local. Está muy fuerte y Malena se deja Llevar por el ritmo.

Gira al compás de la música y ve que los dos hombres se han sentado a su mesa. La miran fijamente. Malena sonríe y sigue bailando. Uno de ellos se acerca y le dice: —te invitamos a una copa, guapa. ¿Qué te pido? —Malena contesta: —ya tengo una. —Se fija que su vaso está vacío. Hay un charco encima de la mesa y el otro hombre está intentando secarlo con papeles de cocina. —Lo siento, pero hemos tropezado con la mesa y tu vaso se ha caído—.

Malena adivina las intenciones de los hombres, pero les

sigue el juego. —Hola, soy Juan—, dice el que ha ido a buscarla a la pista de baile. —Malena—, contesta ella. —Javier, ¿traes a Malena otro *cubalibre*, por favor? — Javier se levanta y va a la barra a pedir la bebida.

Mientras Javier vuelve, Juan hace un montón de preguntas a Malena: —¿Estudias o trabajas? —Malena suspira. Podría ser más original, esa frase está muy *sobada*. Contesta sin dar detalles concretos y pregunta a su vez a Juan, *tirándole de la lengua*. Éste le cuenta de su trabajo de ejecutivo en una *start-up* tecnológica. Presume de lo mucho que trabaja y de la gran cantidad de dinero que gana. También le habla del BMW que tiene aparcado a la puerta del disco-bar y de los muchos caballos de potencia que tiene. Malena asiente como si le interesara todo eso.

Ella *echa un vistazo* hacia la barra y ve cómo Javier se mete la mano en el bolsillo y saca un pequeño sobre de plástico transparente. Dentro hay un polvo blanco. La vista de Malena es muy aguda y no pierde detalle. Ve cómo Javier vierte el polvo en su vaso y cómo remueve la bebida con una cuchara. Ella sonríe interiormente y sigue preguntando a Juan por sus proyectos y sus viajes.

Javier vuelve con el *cubalibre* para Malena y lo deja en la mesa. Ésta bebe un sorbo de la bebida. Nota un regusto raro: *¡burundanga!* Malena sabe lo que quieren... y para qué. Vuelve a la pista de baile seguida por los hombres. Bailan un rato, a veces frenéticamente. Malena rompe a sudar. Su metabolismo acelerado por el ejercicio elimina los efectos de la droga, pero eso no tienen por qué saberlo sus presuntos *depredadores*.

Al cabo del rato Malena vuelve a sentarse. —Estoy cansadísima de tanto bailar—, dice. Se recuesta en el sillón y cierra los ojos. Hace como que está durmiéndose. Los hombres se miran y sonríen. Todo va según su plan...

—¡Malena! ¿Estás bien? —pregunta Juan. —Mmmmmmmmm, déjame dormir un poquito—, contesta Malena. Juan insiste: —Malena, levántate, tienes que salir a tomar el aire. —Ésta le ignora. Entre los dos la cogen por los brazos y la arrastran. —¿Dónde vamos? —pregunta Malena arrastrando las palabras. —A la salida —contesta Juan. Éste hace un gesto a Javier señalando hacia la puerta de atrás del disco-bar.

EN LA TRASTIENDA

Los hombres llevan a Malena a rastras hasta la puerta de la trastienda del bar. Cierran la puerta y Llevan a la chica hasta una mesa. La tumban encima. Mientras Javier se desabrocha el cinturón Juan se acerca a la mesa e intenta desabotonar el pantalón de Malena.

De repente, ésta abre los ojos. El color dorado de su iris brilla intensamente. Se pone de pie de un salto y agarra a Juan del cuello. Lo levanta del suelo con una mano y le da un manotazo tremendo con la otra, mandándole rodando hasta que choca con la pared del fondo.

Javier se queda boquiabierto, con los botones del pantalón desabrochados. Observa con terror que los colmillos de Malena son enormes. Los ojos de la chica parecen emitir luz propia, en tonos amarillos. Malena le salta encima y le desgarra la garganta con sus afiladas uñas. Javier cae al suelo intentando contener la hemorragia.

Juan intenta levantarse y grita —¡Maldita perra! —Saca una *navaja* del bolsillo y la abre con un *click*. Se abalanza sobre Malena, pero ésta desvía el *navajazo* y aprovecha el impulso de su atacante para tirarle al suelo otra vez. Malena se acerca para rematar a Juan de un zarpazo, pero no hace falta: se ha clavado la navaja él mismo al rodar por el suelo.

Malena mira a sus dos atacantes, muertos en el suelo. Los dos desgraciados encontraron *la horma de su zapato*: los vampiros están en la cima de la pirámide depredadora. Malena sonríe *torvamente* y piensa: —¡Y eso que soy vegetariana!—

Malena se calma y sus colmillos y uñas vuelven a su tamaño habitual. Se recompone la ropa y sale por la puerta de atrás. Malena es sin duda la reina de la noche madrileña.

NOTAS DE GRAMÁTICA

Finde: coloquialmente, fin de semana.

Despampanante: muy llamativa.

Parar los pies: figuradamente, frenar los avances de algún hombre, muchas veces en un contexto sexual.

Sobada: algo muy usado, manoseado.

Tirándole de la lengua: figuradamente, hacer hablar a alguien, intentando conseguir información. Más formalmente: sonsacar.

Echa un vistazo: mirar sin demasiado detalle, rápidamente.

Burundanga: escopolamina. Droga que anula la voluntad de la persona que la toma. Según la leyenda urbana, se usa para forzar la voluntad de una mujer.

Depredadores: en este caso, sexuales.

Navaja/navajazo: la navaja es un arma blanca típicamente española, de hoja generalmente corta y que dispone de un muelle para abrirla y cerrarla. *Navajazo* es un ataque con navaja, intentando herir al contrario. También un corte con la navaja.

Encontraron la horma de su zapato: figuradamente, enfrentarse a un enemigo tan poderoso o más que uno mismo.

LA SOMBRA

PREFACIO

Una historia corta que describe una aventura urbana fantástica por las calles de Madrid. Un pequeño homenaje a la novela policíaca más clásica, con un toque del Sabueso de los Baskerville. También hay un guiño al género del horror, especialmente de H.P. Lovecraft.

Está pensada para estudiantes un poco más avanzados, si bien todavía está escrita en el presente de indicativo. El vocabulario es más amplio y es posible que algunas palabras sean desconocidas. El autor ha incluido notas para aclarar algunos de los términos menos comunes.

La historia es sencilla y poco exigente, pero el autor espera que sea de interés para los lectores.

1

Una sirena empieza a sonar en la sala de la comisaría de Chamberí. La luz amarilla gira a la vez que un sonido estridente atruena la estancia. La inspectora Suárez ordena: —López, ¡apaga ese ruido infernal ahora mismo!—El sargento Germán López dice: —*Mamá,* ¡quita el audio!—En la parte superior de la pared un rótulo parpadea en letras verdes sobre fondo oscuro: —Detectada anomalía en la zona Centro—.

Elena Suárez es una mujer de unos 30 años, con experiencia en casos algo fuera de lo habitual. Hace un año y medio Suárez pidió el traslado a la división especial de la policía. Muchos pensaron que era un paso atrás en lo que parecía una carrera prometedora y ella recibió críticas por esa razón. Además, su destino era una unidad creada recientemente para investigar casos extraños. Cuando se hizo pública su nueva comisaría, las críticas arreciaron. Más de un *gracioso* le preguntó por su futuro con *El Fantasma* López, como se conocía al sargento en algunas oficinas de Madrid por sus teorías sobre fenómenos paranormales.

Ella tenía sus razones: descubrió que en la comisaría de

Chamberí, sede de la división especial, tendría acceso a un súper-computador de tecnología punta, dotado de un programa de inteligencia artificial especializado en fenómenos extraños. Además, Suárez quería ver qué había de cierto en la fama del sargento López.

Los móviles de los policías zumban al recibir mensajes de la computadora central. —¿Qué dice *Mamá*, López? —pregunta la inspectora. El sargento responde: —*Mamá* ha detectado una alteración en la zona de la Plaza Mayor. Sugiere ir a investigar. Un bulto ha aparecido de repente, podría ser una persona de tamaño mediano. —Germán López es joven, de mediana estatura y ha hecho una carrera meteórica en la policía.

El sargento vive con un antiguo compañero de estudios en Cuatro Caminos, en la zona norte de Madrid. Sigue Llevando una vida de estudiante, saliendo muchas noches y volviendo tarde a casa, a veces a altas horas de la madrugada. A pesar de su vida algo desordenada y de las fiestas de los fines de semana, López es un auténtico profesional. Su dedicación es intachable y sus métodos, aunque poco convencionales, han demostrado ser muy eficaces.

2

El programa conocido como *Mamá* en la unidad, está conectado con la red de cámaras de seguridad de la ciudad y pasa todo el tiempo procesando las imágenes que recibe, buscando anomalías. *Mamá* también recibe información de los detectores de ruido y de contaminación distribuidos por las calles. El programa utiliza algoritmos de aprendizaje similares a los de *AlphaZero*, el sistema creado en la división *DeepMind* de Google. Tras muchos meses de desarrollo y ajuste de la lógica, los técnicos del laboratorio de la división especial anunciaron la disponibilidad de *Mamá*.

El sistema procesa la ingente cantidad de entradas que recibe: imágenes, sonidos, fragmentos de conversaciones de la gente andando por la calle, etc. Sus programas analizan los datos y buscan relaciones entre todos ellos, intentando sacar conclusiones. *Mamá* está programada para buscar anomalías, distorsiones y cualquier otra circunstancia extraña, que se salga de lo normal. Las alarmas se disparan cuando las medidas sobrepasan ciertos umbrales predeterminados. Con el tiempo, *Mamá* va aprendiendo y ajustando esos umbrales siguiendo sus propios criterios.

Después de varios meses de prueba, el complejo sistema es mucho más preciso detectando las anomalías de lo que los programadores definieron al principio del proyecto. Las falsas alarmas se han ido espaciando y últimamente no ha habido ninguna. Suárez y López saben que cuando *Mamá* los llama, hay algo detrás.

3

La Sombra no tiene nombre. En su mundo de origen es un depredador, aunque tiene mucha competencia. Muchas otras criaturas son más fuertes, más rápidas o tienen garras o dientes más grandes y afilados que los suyos.

Un día, mientras merodea en busca de una presa, ve un resplandor misterioso flotando en el aire a media altura. Los bordes centellean y entre ellos hay una apertura; después no se ve nada. La Sombra tiene hambre: hace tiempo que no encuentra algo que le sirva de comida. Sin pensárselo demasiado, salta para entrar en la extraña cueva.

Al salir por el otro lado del corredor le asalta un sinfín de sensaciones. Ruidos de seres vivos moviéndose en las cercanías. Otros, desconocidos. En su mundo no hay máquinas y La Sombra no entiende lo que oye. Se asusta un poco, pero su instinto depredador le hace olvidar el miedo.

¿Dónde está? Ha aparecido en un callejón oscuro, pero percibe el resplandor de luces muy cerca. Su agudo olfato descubre una miríada de olores deliciosos que le hacen la boca agua. También percibe otros olores menos agradables.

Se mueve cautelosamente, explorando el callejón. Ve un bulto en el suelo algo más allá. Se acerca sigilosamente, pegada a la pared. No se la distingue en la oscuridad. La forma tirada en el suelo no se mueve. La Sombra le salta encima y ahoga con su cuerpo el grito del vagabundo. Éste intenta resistirse, pero al poco tiempo deja de patalear.

La Sombra se aleja y en una de las calles laterales descubre un ventanuco casi a ras de suelo. En el interior está muy oscuro. La Sombra se deja caer en el sótano abandonado y se acurruca para digerir su presa.

4

A la mañana siguiente suena el teléfono de la inspectora Suárez mientras se prepara para ir a la comisaría. Es López: —Inspectora, hay un caso para nosotros. Un muerto cerca de la Plaza Mayor.

—¿Un muerto? ¿Qué tiene que ver eso con nosotros? —Pregunta Elena. —Tiene que venir a verlo y lo entenderá—, sentencia Germán. —Está detrás del mercado de San Miguel.

Suárez recoge sus cosas y sale de casa. Va hasta el coche que tiene aparcado en el subterráneo para residentes de la zona. Hay bastante tráfico y enciende la sirena para ganar tiempo. Baja por la calle de la Princesa hasta la plaza de España y sube por la calle de Bailén y la calle Mayor. Al llegar a la plaza de San Miguel ve enseguida la ambulancia y otros coches de policía. Aparca el coche en la acera.

López se le acerca. —Jefa, esto es algo muy raro —y la acompaña hasta la escena del crimen. Dos forenses están examinando lo que yace en el suelo entre cartones y una manta vieja y raída.

—¿Qué tenemos aquí, Mónica? —Pregunta Elena a una de los médicos, a la que conoce de casos anteriores.

—No lo sé, inspectora, nunca había visto algo así. Restos de un varón de edad indefinida, pero faltan grandes cantidades de tejido y apenas hay rastros de sangre a pesar del destrozo.

Mientras Suárez mira los restos la médico dicta unas notas en su grabadora para el informe forense previo a la autopsia. Una vez terminado cubren los restos con una manta para evitar las miradas de los curiosos.

—¿Qué crees que ha pasado, Mónica? —Pregunta Elena. La forense contesta:

—Alguien o algo ha hecho papilla a la víctima. Falta la mayoría de las vísceras y hay marcas de succión en la piel que todavía queda. No hay cortes limpios, o sea que no lo ha hecho alguien con un cuchillo o un bisturí. Tampoco ha sido devorado: habría marcas de colmillos o garras. Es como si algo hubiera chupado al pobre desgraciado, dejándolo casi en los huesos. Algo con un poder de succión tremendo.

Los auxiliares médicos vienen con la camilla y se Llevan el cadáver a la ambulancia. Elena considera lo que ha visto y el informe preliminar de la forense. No le encuentra ningún sentido.

—¿Ve lo que le dije, jefa? Es un caso para nosotros —dice Germán. Tenemos que encontrar lo que ha causado este estropicio. ¿Hay rastros por los alrededores? —pregunta la inspectora.

—No hemos visto nada, jefa —contesta López—. Como ha dicho la forense, no hay manchas de sangre ni nada sospechoso y en asfalto o cemento no hay manera de encontrar huellas. Los agentes están rastreando las calles del barrio por si acaso.

Elena se dirige al sargento de la policía municipal a

cargo de la escena del crimen: —Por favor avísenos en Chamberí si encuentran cualquier cosa sospechosa.

—Sí, inspectora —, contesta éste.

—Hay que consultar con Mamá, Germán —decide Elena. —¡Vamos!

5

Los policías municipales van por parejas por las calles alrededor del mercado. El Madrid de los Austrias es muy antiguo y muchas calles son estrechas. Miran en todos los portales y preguntan a la gente que encuentran por la calle o asomada a las ventanas. Nadie ha visto nada raro y preguntan a los agentes por lo que ha pasado. Estos esquivan la curiosidad de los vecinos y siguen buscando.

La pareja llega hasta a la plaza de la Villa, el centro del Madrid medieval y renacentista. Pasan por la Casa de la Villa, la antigua sede de la alcaldía de Madrid. Revisan también las ventanas y puertas de las casas de los Lujanes y Cisneros, todos edificios que datan de los siglos XV al XVII.

Miran por los callejones de los alrededores pero no encuentran nada extraño. Acaban volviendo a la plaza de San Miguel, donde se reúnen con los otros agentes que habían hecho otro recorrido hacia la plaza Mayor. Vuelven todos con las manos vacías: ningún rastro de sangre, ni nadie que haya visto nada sospechoso.

6

De vuelta en la comisaría de Chamberí el sargento López corre a sentarse y empieza a aporrear las teclas de su computadora y activa el interfaz de voz.

—*Mamá*, busca homicidios no resueltos con víctimas descuartizadas.

El sistema presenta en pantalla una lista de casos, la mayoría muy antiguos.

—En Madrid la lista se acorta —sigue López.

—En los últimos cinco años —, tercia la inspectora. Quedan dos líneas en la pantalla.

La inspectora recuerda esos dos casos, pero no parecen tener nada que ver con el de hoy. El *modus operandi* es completamente distinto: en ambos casos la víctima había sido secuestrada previamente. El caso de la plaza Mayor sugiere algún tipo de animal, pero ¿cuál? Elena no cree que haya una fiera de gran tamaño paseando por las calles del centro de Madrid. Si un león o un tigre anduvieran sueltos, habría habido docenas de denuncias de vecinos.

El forense mencionó una especie de succión.

—*Mamá*, busca animales que succiones a sus presas.

En la pantalla empiezan a aparecer imágenes: pulpos, tarántulas y otras arañas... Aun peor. ¿Un ejército de pulpos o arañas grandes acechando por las calles de la ciudad? ¡Imposible! De repente, López tiene una idea y dice:

—*Mamá*, enséñanos las imágenes de la alarma de ayer.

El sistema carga los ficheros de vídeo y aparece una escena de una calle de Madrid. Está bastante oscuro y es difícil reconocer lo que se ve. En una esquina de la pantalla un contador indica el tiempo de la grabación. De repente aparece una sombra aun más oscura que el entorno. Aparentemente se ha materializado de la nada. El objeto no presenta ninguna característica especial. Ni patas, ni garras, nada. La sombra se desliza por la imagen, y desaparece entre las sombras del callejón.

—Mamá, ¿qué es eso? —Pregunta la inspectora. Tras unos segundos el programa contesta:

—No he encontrado nada similar en mis archivos y Google tampoco devuelve nada útil.

López dice: —*Mamá*, retrocede 30 segundos.

La sombra desaparece de la imagen y vuelve a materializarse al volver al instante exacto en la grabación.

—22:37:15 —dice López—. *Mamá*, guarda ese fragmento en el archivo de este caso.

Elena pregunta: —Mamá, ¿en qué calle suceden las imágenes?

—A la salida de la plaza del Conde de Miranda — contesta el programa y enseña en pantalla el mapa de la zona. Es una zona prácticamente peatonal que a esas horas de la noche está vacía.

—¡Está al lado de la plaza de San Miguel!— Exclama López.

—Mamá, sigue con el vídeo —ordena Suárez. La sombra

se mueve y atraviesa un portón metálico y desaparece de la imagen.

—Mamá, ¿qué pasó? —Pregunta la inspectora.

—Las cámaras no alcanzan a esa zona. Es el pasadizo del Panecillo, que suele estar cerrado a esas horas—, contesta el sistema.

—Germán, comprueba el informe de los *municipales.* —Este teclea la orden y en pantalla aparecen los recorridos de las dos parejas de agentes. Una de ellas pasó por delante del portón, pero no detalla si entraron en el callejón.

—Vamos a echar un vistazo, Germán.

—Sí, jefa.

Mientras van en el coche patrulla, Elena considera las opciones: ¿un ser desconocido que aparece de la nada? Eso es demasiado fantástico hasta para la división especial de la policía. Desde luego, Germán estará en su salsa. No por nada le llaman *Fantasma López* algunos de los compañeros más incrédulos. ¿Seres sobrenaturales?

7

Los policías vuelven a la plaza de San Miguel y, tras dejar el coche aparcado en la acera, bajan por la calle del Conde de Miranda hasta el pasadizo indicado por *Mamá*. A esta hora de la tarde hay más personas por la calle que no prestan atención a los policías y siguen en su camino.

Abren el portón de hierro forjado que hay a la entrada y entran en el callejón. Los edificios que forman el estrecho pasillo son antiguos, con grandes ventanas protegidas por rejas de hierro, del estilo de la que hay a la entrada. Elena y Germán avanzan despacio, observando detenidamente cada detalle.

Al llegar a un recodo donde la calle se ensancha un poco Elena percibe un vago olor a ozono. Se pregunta de dónde puede venir cuando Germán dice:

—Jefa, ¡mire esto!

Elena se acerca a Germán, que está en cuclillas entre un contenedor de basura y unos cartones viejos amontonados en el suelo. Señala a un ventanuco casi a ras de suelo que tiene los cristales rotos. Germán alumbra con su linterna el interior del sótano. Parece estar abandonado desde hace tiempo: hay polvo por todas partes y no hay nada sospechoso ahí dentro.

—Puedo intentar descolgarme, creo que cabría —dice Germán mientras quita restos de cristales rotos del marco de la abertura.

—Espera —contesta Elena—. Vamos a intentar entrar por la puerta.

La inspectora llama al piso de la planta baja y entra en el portal. Tras identificarse, el inquilino los acompaña hasta la escalera de bajada al sótano.

—Está sin arreglar todavía —dice el vecino, abriendo una puerta cerrada con llave—. Estamos renovando toda la casa. La luz del sótano no funciona —añade, con expresión algo culpable.

Los policías encienden sus linternas y bajan la decrépita escalera, alumbrando en todas las direcciones y mirando sobre todo en los rincones. Hay polvo por todas partes y muchos trastos abandonados en desorden. Entra algo de luz por la pequeña ventana, pero gran parte de la habitación está a oscuras.

Elena siente como se le eriza la piel. La sensación de ser observados es tremenda, opresiva.

—Cuidado, Germán. Este lugar me *da mala espina* —dice Elena.

Sin separarse mucho, los dos exploran los laterales y la parte trasera del sótano. Hay ciertas marcas en el polvo en algunos lugares, pero nada sospechoso.

DESDE SU GUARIDA, La Sombra observa a los intrusos a través de un agujero del techo del sótano. Considera saltar sobre el más cercano cuando de repente el haz de luz de la linterna del otro enfoca hacia el techo. La Sombra retrocede espantada, pero sin hacer ruido.

—¿Ves algo? —Pregunta Elena. —Nada, jefa.

Llama a los de huellas para que busquen cualquier rastro que pueda haber aquí —ordena la inspectora. López saca su móvil y manda un mensaje con las coordenadas GPS del sótano y la petición de un equipo de investigación pericial.

Mientras el sargento manda la petición a la central, la inspectora vuelve a mirar por el sótano. Se acerca a las paredes del fondo y remueve con el mango de una escoba un montón de trapos y cartones viejos. Nada. Un sexto sentido la alerta de un peligro inminente. Se vuelve de golpe, enfocando su linterna hacia el techo.

No ve nada, pero la opresión que sentía en el pecho disminuye un poco. El sargento termina su gestión y dice: —Están avisados, inspectora. Llegarán en un par de horas.

—Vámonos de aquí, Germán. Este sitio es horrible —dice Elena, al tiempo que vuelve a la escalera de salida.

8

Germán López vuelve a su habitación en el piso que comparte en la calle Menéndez Pidal, en la zona de los colegios mayores al noroeste de Cuatro Caminos. Le recuerda a sus tiempos de estudiante de informática en la cercano campus universitario de Moncloa.

Entra en el piso y le recibe un torrente atronador de *Punk-Rock,* que proviene de habitación de Luis, su compañero de vivienda. Llama a la puerta por la que se filtra la música y le saluda. No hay respuesta. levanta el brazo derecho con intención de aporrear la hoja de madera, pero se lo piensa mejor y se da la vuelta.

Va a su cuarto y acciona el conmutador eléctrico que enciende las máquinas que tiene allí; un pequeño centro de cálculo. El interruptor pone en marcha las fuentes de alimentación estabilizada que protegen a sus delicados equipos electrónicos. No es el típico laboratorio de un científico chiflado, con cables enredados como un nido de serpientes, pilas de papeles y libros esparcidos por todas partes y restos de *pizza* resecos. En su habitación todo está en su sitio: el cableado recogido en mazos etiquetados, escondidos por detrás de las máquinas. En una de las paredes hay estanterías llenas de libros

Germán abre su portátil especial y se conecta al chat privado de la rama española de *Everyone*, un colectivo de piratas informáticos (*hackers*) más o menos relacionados con el movimiento *Anonymous*. Accede a la web oscura o *Dark Web* a través de Tor. En esta máquina solo tiene instalado el software del proyecto Tor, evitando a toda costa *plugins* que puedan comprometer su privacidad.

Este chat Germán usa como avatar a Estrella Plateada, el personaje de Marvel que atraviesa el espacio sideral sobre una especie de tabla de surf.

—Hola a todas —saluda en el chat.

—Bienvenido, *Silver* —contesta *Mordred*—. ¿Con qué andas liado últimamente? Apenas te vemos por aquí.

—Tenemos un caso interesante: algo ha aparecido en el centro de Madrid y parece estar cargándose a gente—, explica Germán.

—¿Y qué tiene eso de particular? —pregunta el pirata.

—Por un lado, que lo que sea se ha materializado como de la nada. Por otro, que lo que hace con sus víctimas es de lo más extraño. No puedo dar detalles de momento, ya sabes.

—¿Y qué dice vuestro juguete? —Se burla *Mordred*—. Cualquier día de estos nos colamos y os montamos un buen lío...

Germán es consciente del peligro de *Everyone*, pero él supervisa personalmente los sistemas de seguridad de *Mamá* e intenta que los cortafuegos sean impenetrables.

Germán cambia de tema: —por cierto, ¿quién de vosotros sabe de espacio-tiempo, dimensiones y esas historias rayanas en la ciencia ficción? Necesitaría que me echaran una mano...

—*Merlín* sabe un rato de física teórica —sugiere *Mordred* —. Si lo veo le diré que lo estás buscando.

—Gracias, *Mordred.*

—Ya sabes que todo tiene un precio... —deja caer su amigo.

—Ya veremos, ¡hasta otra!

9

De vuelta en la comisaría Elena pregunta: —Repasemos, ¿qué sabemos hasta ahora, Germán?

El sargento enumera:

—Uno: algo o alguien aparece como por arte de magia a última hora de la tarde.

—Dos: de madrugada algo devora a un mendigo que dormía en un portal. Los forenses han confirmado que la hora de la muerte fue entre la medianoche y las cuatro de la mañana. No es descabellado suponer que los dos hechos estén relacionados y que la misteriosa aparición sea lo que buscamos.

—Tres: no hemos encontrado ningún indicio concreto en los alrededores del lugar del crimen.

Elena coteja los hechos relatados por Germán con sus propios recuerdos, añadiendo algunas notas sobre las sensaciones que tuvo en los alrededores del sótano y en el subterráneo. *¿Sexto sentido?* Se pregunta. *No es posible ni desde luego científico*, rechaza Elena.

Su teléfono zumba. Mensaje del encargado de la unidad

pericial. —*Mamá*, ¿qué dice el informe de huellas? —Pregunta la inspectora.

—En el sótano en sí no hay gran cosa, pero hay marcas en la ventana. No hay huellas humanas, desde luego. También han encontrado restos en el falso techo: algo de sangre de la víctima. Hay muy poco espacio, o sea que o bien era un animal o un ser humano muy pequeño.

Elena hace una mueca: no andaba tan desencaminada después de todo. Seguro que lo que fuera estaba observándolos en el sótano. *¿Con qué nos estamos enfrentando?* Se pregunta.

La Sombra acecha desde el andamio de un edificio en obras. Escondida entre los plásticos y redes de seguridad es prácticamente invisible desde la calle. Hay pocos transeúntes y La Sombra espera pacientemente, buscando una ocasión propicia.

Una persona aparece; va sola y anda despacio, ayudándose con un bastón. La Sombra se prepara: extiende sus alas al tiempo que salta desde su atalaya. Planea silenciosamente y aterriza sobre su presa, tirándola al suelo con el impulso. Enrosca sus tentáculos alrededor del cuello de su víctima, que patalea débilmente, conmocionada por la caída y la agresión. Apenas se resiste.

Elena está en el gimnasio, pedaleando sobre la bicicleta estática. Gotas de sudor le caen por la frente y ella se la seca con la toalla que Lleva alrededor del cuello. Su móvil zumba al recibir un mensaje: es de *Mamá*, anunciando un nuevo homicidio en la zona centro.

10

A la mañana siguiente el comisario Emilio Vallejo llama a Elena. —Suárez, ¿qué demonios está pasando? Lo último que necesito es un asesino suelto por las calles de Madrid.

No es la primera vez que Elena tiene una conversación de este tipo con Vallejo. —Iba camino de la escena del segundo caso cuando usted me ha llamado, comisario Vallejo. Ha aparecido un cadáver en la misma zona que el anterior. También muy desfigurado. Los forenses están examinando los restos ahora mismo. —Explica Elena.

—¿Y quién está haciendo algo así? ¿Un loco, un terrorista? —exige Vallejo.

—No está claro, comisario. Revisaré los resultados de la autopsia de la primera víctima a lo largo de la mañana y sabremos más. Por lo que hemos visto hasta ahora parece tratarse de algún tipo de fiera.

—¿Fiera? —Interrumpe Vallejo. —No me digas que esa es una de las *ideítas* de tu amigo López. —Añade el comisario con una considerable dosis de sarcasmo. No le gustan los científicos como el sargento y considera que su contribución a las tareas policiales es nula.

—No jefe, el forense de la policía científica ha descartado los métodos más frecuentes en homicidios con gran destrozo de la víctima. A falta del informe definitivo de la autopsia, sí parece que se trata de algún tipo de animal.—

—¿Y qué dice el montón de chatarra ese que usáis? Bastante caro nos sale. —Prosigue el comisario, refiriéndose a *Mamá*. El comisario es chapado a la antigua y detesta las nuevas tecnologías. Acepta a duras penas el proyecto *Mamá*, impuesto desde la jefatura central de la policía de Madrid y aprovecha cualquier oportunidad para ridiculizarlo.

—Todavía nada, comisario. *Mamá* no ha encontrado nada remotamente parecido. Eso sí, nos ha indicado la zona con gran precisión.

—No me cuentes historias, Suárez. Quiero resultados y los quiero ya. Date prisa, que tu carrera está en juego. —El comisario mira fijamente a Elena, la amenaza flotando en el aire. Elena entiende que Vallejo buscará cualquier pretexto para quitársela de en medio. Sabe que al comisario, perro viejo, no le gustan las mujeres policías. También, que es un enemigo de las nuevas técnicas de investigación.

—Sí comisario. Le mantendré informado del progreso en este caso.

11

Tras el encuentro con Vallejo, Elena se dirige a la mesa del sargento López. —Germán, me voy a casa. No estoy de humor para nada.

—¿No le ha ido bien con el comisario, inspectora? —pregunta éste.

—Fatal. Está buscando una oportunidad para librarse de mí, de *Mamá* y, como te descuides, de ti también —dice Elena—. Me voy a casa. Necesito hacer algo de ejercicio.

—Hasta mañana entonces, jefa —saluda Germán—. Me quedo un rato a ver si saco algo en claro.

Elena se da la vuelta y en su oficina coge el bolso y su chaqueta y se va de la comisaría.

La inspectora llega a su portal, un portón de madera antiguo. Entra por el pasillo y abre el buzón. Un recibo y propaganda: nada interesante. Toma el ascensor, una mejora relativamente reciente en un edificio con más de cien años. La maquinaria hidráulica funciona silenciosamente y la sube hasta su piso. Entra en su casa y enciende la luz del pasillo.

En su dormitorio deja la chaqueta encima de la cama y

se quita los zapatos. El silencio en su piso es opresivo. Suárez va al saloncito y enciende el equipo de música. —Alexa, toca *Escondido*—. Empieza a sonar un *blues* de Clapton y JJ Cale.

Echa un vistazo a la cocina: todo está ordenado. Normal, apenas pasa tiempo en su casa. ¿Cenar? ¿Pedir algo para que se lo traigan a casa? No, lo primero es lo primero. Sin pensárselo más se cambia de ropa y se pone unos pantalones de *lycra,* una sudadera con capucha y sus zapatillas de correr.

Mira el reloj de su despertador: son más de las 8 y media de la noche. Considera qué hacer. Tras la sentencia de *la manada* de Pamplona los ánimos están muy alborotados. Coge su Beretta Bobcat particular. Es del calibre 22, no como su Glock reglamentaria, pero se la Lleva por si tiene algún encuentro peligroso por calles oscuras. Abulta poco más que su móvil, por lo que la puede Llevar fácilmente en una riñonera que disimula bajo su ropa.

Elena coge las llaves y dice: —Alexa, ¡apaga todo!—La música deja de sonar y las luces se oscurecen lentamente. Entra un poco de claridad por el tragaluz que hay encima de la puerta. La inspectora sale, cierra con llave y baja la escalera. Le gustaría empezar a trotar, pero los escalones son de madera y haría mucho ruido. Los vecinos del inmueble son personas mayores y protestan rápidamente.

Sale a la calle y pone en marcha su cronómetro. Cruza la calle al trote y se dirige a la plaza de Alonso Martínez. Hay poca gente por la calle, salvo en alguno de los bares. Baja por la calle Génova y tiene que controlar la zancada para no acelerar en la cuesta abajo. Al llegar a la plaza de Colón entra en un túnel para peatones. Así evita pararse en los múltiples semáforos.

Sale por el Centro Cultural de la Villa y sube las escaleras de dos en dos, apareciendo en la explanada de la plaza. Prosigue su camino y gira en la calle de Serrano, la zona más cara de Madrid. Unas manzanas más allá ve la Puerta de Alcalá, su primera etapa de esta noche.

Elena sigue trotando y entra en el parque del Retiro, uno de los pulmones de la ciudad. Hace buena temperatura, el otoño en Madrid es templado y todavía hay bastante luz. Hay gente paseando y ella gira por uno de los caminos secundarios para no encontrarse con nadie. Alarga la zancada: ha cogido un buen ritmo tras el calentamiento por las calles y ahora corre más en serio. Su respiración va acelerándose a medida que sus músculos consumen oxígeno. Cuenta mentalmente y respira al ritmo de sus zancadas.

El ejercicio y concentrarse en la respiración la ayudan a acallar su mente y las voces de los miembros de su comité privado. Una de las voces le recuerda que está sola. Elena la ignora y se centra aun más en la carrera. Gira al llegar a la plaza de Mariano de Cavia y sigue corriendo paralela a la calle.

No puede evitar recordar su relación anterior. Pablo era un compañero de trabajo en la comisaría de Arganzuela. Se conocieron en una fiesta del Cuerpo. Salieron varias veces pero ella estaba decidida a avanzar en su carrera y no quiso comprometerse más. Dejaron de verse a las pocas semanas. De eso hace ya más de seis meses.

Elena sacude la cabeza para desterrar esos pensamientos. Acelera aun más, empezando un *sprint* que la obliga a jadear para mantener el ritmo. Cuando llega a la esquina de la calle O'Donnell baja el ritmo de la zancada, volviendo a una carrera ligera. No quiere dejar de correr de golpe.

Sigue trotando rápido y sale del Retiro. Baja por la calle de Alcalá hasta la glorieta de Cibeles y sube por el paseo de Recoletos de vuelta hacia su barrio. Trota más despacio al subir por Génova y hace la última manzana andando. Cuando llega a su portal hace unos estiramientos y para el cronómetro: 50 minutos. No está mal para los 9 kilómetros que ha corrido.

Sube las escaleras y una vez en su piso se mete en la ducha. Ha tenido suerte y el teléfono no ha interrumpido su ejercicio.

12

Tras la conversación con Vallejo, Elena baja con Germán a la sala de autopsias. —Jefa, a pesar del tiempo este lugar me sigue dando *repelús*.

—No seas crío, Germán —le reprocha Suárez—, Los peligrosos de verdad son los malos que hay ahí fuera.

Avanzan por pasillos interminables. En algunos la luz de los tubos fluorescentes parpadea con un chisporroteo característico. Germán mira hacia el techo y se fija en las tuberías que corren por el. Un escalofrío le recorre la espalda al imaginar el chirrido de cuchillas restregándose sobre las canalizaciones.

—Vamos, Germán —dice Elena—. Ya casi estamos.

Al oír a su superior Germán se sobresalta y sale de su macabro ensueño. Los policías entran en el quirófano donde se realizan las autopsias. La enorme sala está en penumbra, en contraste de la catarata de luz que ilumina las mesas de operaciones gemelas donde yacen los dos cadáveres.

—¿Qué has encontrado en este segundo caso, Mónica? —Pregunta Elena.

—Más o menos lo que le dije en la escena del primer crimen, inspectora —contesta la forense—. Mire estas marcas.

Elena se acerca, se pone unos guantes quirúrgicos y observa de cerca la garganta de la víctima. Unas señales lívidas rodean el cuello del muerto. Señala con el dedo algunas de las heridas que se ven en los surcos. —¿Qué ha pasado ahí, Mónica? —Pregunta Elena.

Germán las observa sin perder detalle, dejando una distancia prudencial entre las mesas y el. Se fija en lo que queda de las vísceras de las víctimas y no puede reprimir una arcada.

La forense contesta: —la segunda víctima murió estrangulada, quizá ahorcada, mediante algo con una potencia extraordinaria. Podría haber sido una maroma, lo que podría llegar a explicar las heridas internas, posiblemente por desgarro. Sin embargo, no explicaría el resto —continúa la forense—. Como ves, faltan partes del hígado y del intestino. Como te dije, no se lo han extirpado quirúrgicamente, sino más bien arrancado. He visto heridas en artistas de circo y en cuidadores de zoológicos por ataques de grandes felinos, pero son de otro tipo. En este caso no hay marcas de zarpas y el desgarro de los tejidos es limitado. Nunca había visto algo así. El daño a los dos cuerpos es prácticamente idéntico.

Elena frunce el ceño y pregunta: —¿Me estás diciendo que una especie de pulpo gigante anda suelto por Madrid?

—No sé si un pulpo, pero desde luego algo con tentáculos y además con una probóscide, una trompa. Los órganos internos parecen haber sido aspirados más que devorados —dice Mónica.

—¡Vallejo es el que me va a devorar a mí! —Masculla

Elena— Gracias, Mónica. Avisarme cuando tengas los informes terminados.

—Germán, ¿has sacado algo en claro de tus fuentes? —Prosigue la inspectora.

—Todavía no, jefa. Tengo pendiente una charla con alguien que quizá nos pueda echar una mano. En cuanto vuelva arriba hablo con esa persona.

—Más vale, Germán. Necesito algo para Vallejo ya.

13

De vuelta en su puesto, Germán mira a su alrededor y activa en su móvil el programa que usa para establecer una red privada virtual para conectarse con la Dark Web. Accede al chat de *Everyone* y *da un toque* a *Merlín.*

—Hola, *Surfer* —saluda su amigo. —*Merlín*, ¿cuál es el estado actual de la teoría sobre dimensiones, universos paralelos y temas de ese estilo?

—*Merlín* suelta una carcajada y escribe: —¿En qué andas metido, *Silver*? Teorías sobre *wormholes* o agujeros de gusanos hay varias, pero sólo son eso: teorías. Los puentes de Einstein-Rosen no se contradicen con la relatividad general, pero no quiere decir que existan realmente.

Germán insiste: —Entonces ¿es posible que haya maneras de viajar en el tiempo o de un universo a otro distinto?

—*Surfer*, las dos situaciones representan soluciones de las ecuaciones de Einstein. No hay consenso en la comunidad científica, pero sí hay un cierto acuerdo en que las condiciones para que existieran serían excepcionales.

—Sigue, sigue—, dice Germán.

—Por ejemplo, un agujero negro permanente, y no hay ninguno que se sepa, o bien la presencia de *materia exótica.*

—¿Materia exótica? —repite Germán.

—Sí, *Silver*. Se postula que dicha materia tendría energía negativa para evitar la inestabilidad que generaría tamaña anomalía en el espacio-tiempo.

—Por lo que entiendo entonces, sería posible que hubiera una conexión con otro tiempo, digamos el Jurásico, o con otro universo distinto...

—En teoría sí. Qué pasa, *Silver*, ¿quieres construir una máquina del tiempo en tu garaje? —El tono de *Merlín* no admite dudas. Germán *coge el toro por los cuernos*:

—Algo o alguien ha aparecido por las buenas y se dedica a *cargarse* a gente por las calles de Madrid. Algo con tentáculos que devora a sus víctimas.

—Tentáculos. ¿Me hablas de que un pulpo gigante aterriza en la puerta del Sol y se lía con los que andan por ahí? —pregunta *Merlín*. Aunque le fastidia un poco la pulla de su amigo, Germán continúa impasible:

—No sabemos mucho todavía. Desde luego no fue una entrada en escena espectacular, como insinúas. Actúa en la oscuridad y ni con todas nuestras cámaras hemos podido ver una imagen. Tiene tentáculos, eso sí. Y es voraz.

—Tentáculos, puentes de Einstein-Rosen... *Silver*, no me fastidies: suena a H.P. Lovecraft y sus *Antiguos* o *Primordiales*. Ya sabes, Cthulhu, Yog-Sothoth, *El Horror de Dunwich* y esas historias. Eso no es ciencia, ni nada serio.

Germán considera el comentario de *Merlín* y continúa:
—Monstruos mitológicos aparte, ¿qué aspecto tendría la entrada a un agujero de gusano como el que describes?

—Bueno, hay cierto consenso en que los fenómenos cuánticos generados alrededor del puente producirían lo que se conoce como radiación de Hawking. La puerta emitiría energía que escaparía del interior. Eso podría causar otros efectos, como la ionización del aire y la creación de ozono, como en una tormenta eléctrica. Pero ya sabes, hipotéticamente.

Gracias, *Merlín*—. Escribe Germán. —No sé muy bien qué hacer con esto, pero me has ayudado mucho.

—Te mandaré unos ficheros para que me los proceses en tu máquina. Tardará menos que las que puedo acceder yo. —Dice el pirata informático.

—Echaré un vistazo —contesta Germán—. No te prometo nada y si veo algo raro, ni hablar.

—Estos son inofensivos. Espero tus noticias.

Con esto, *Merlín* cierra la conexión.

14

—Germán, ¿qué has sacado en claro? —Pregunta la inspectora. El policía se da la vuelta, pero evita los ojos de Elena y se retuerce las manos.

—No lo sé, jefa. Suena demasiado loco hasta para mí.

—Vamos al despacho, Germán —dice la inspectora y se vuelve bruscamente y entra en su despacho en dos zancadas, seguida por su subordinado, que a duras penas puede mantener el paso. Elena se sienta en su silla y mira fijamente a Germán.

—A ver, ¿qué es eso tan raro que tienes que decirme? —pregunta Elena. El sargento se balancea, cargando el peso alternativamente de un pie y al otro.

—Bueno, inspectora. Podría tratarse de un ser que haya venido de otro tiempo o de otro universo. He comprobado fuentes científicas fiables y es posible que haya puentes dimensionales. Agujeros de gusanos... Teóricamente.

—Teóricamente —repite Elena.

—Pero eso no es todo —añade Germán. —He encontrado referencias a seres mitológicos que podrían concordar con los indicios que tenemos.

—Germán, sabes lo que me estás diciendo ¿no? —pregunta la inspectora—. Ciencia ficción y mitología. ¿Cómo voy yo con eso a Vallejo? Ya sabes que me tiene enfilada y al resto de la unidad, también.

—Jefa, tenemos que buscar más en las imágenes del segundo caso. Aunque es un barrio viejo y de callejones estrechos, alguna cámara hay. Si le parece, voy a preguntarle a *Mamá* otra vez —sugiere el sargento.

—Germán, tenemos un par de horas, no más. No puedo darle largas a Vallejo hasta mañana —dice Elena, clavando su mirada en los ojos del policía.

—Me pongo a ello inmediatamente, jefa. Seguro que encuentro algo antes de una hora.

—Más vale, Germán. Nos jugamos el cuello en este caso.

El tono de Elena no deja lugar a dudas.

15

El sargento vuelve a su puesto y activa el interfaz del sistema. —*Mamá*, busca imágenes del ataque en la calle de San Justo.

En la pantalla aparecen imágenes a cámara rápida. Está oscuro y es difícil ver nada claramente. La inteligencia artificial cambia el punto de vista al proyectar las imágenes de las pocas cámaras que hay en la zona.

—¡Espera! Retrocede un par de minutos y baja la velocidad —ordena Germán. Apenas hay nadie por la calle. Una persona entra en el encuadre de la cámara.

—¡Esa es la víctima! ¡*Mamá*, marca este punto!

El hombre se mueve despacio, apoyándose en un bastón. De repente, una sombra entra por la esquina superior de la pantalla.

—*Mamá*, ¡para!—. La imagen se congela. Algo oscuro está a punto de caer encima de la víctima. No se distinguen bien los detalles, pero parece tener alas. Es más grande que un cuervo y desde luego no es un pájaro.

—*Mamá*, sigue a cámara lenta —dice Germán. El ser aterriza en los hombros del viandante, que cae al suelo empujado por el impacto. Antes de poder recuperarse, La Sombra extiende unos tentáculos que atenazan el cuello de su víctima al tiempo que recoge las alas. Cejado el forcejeo, el atacante se acerca al cuello de la persona y parece clavarle algo, aunque la imagen es demasiado borrosa para ver más detalles.

—*Mamá*, ¿cuánto pesa el atacante? —pregunta el policía.

—Considerando el impulso por el resultado del choque y la velocidad de impacto, por lo menos veinte kilos. Eso es más que el cóndor, el pájaro más pesado que se conoce —contesta el sistema. —Las alas no se ven claramente, pero deberían ser muy grandes para sostener tanto peso —añade.

Germán se remueve en su silla y se rasca la cabeza. *Va a tener razón Merlín. Parece enteramente la descripción de los seres mitológicos de H.P. Lovecraft*, piensa.

—*Mamá*, ¿qué pasa después?

—No se ve más. La criatura arrastra a su víctima fuera del enfoque de la cámara —contesta el sistema.

16

El sargento ve que la inspectora le llama desde su despacho.

—Germán, ¿qué has sacado en claro?

—*Mamá* ha encontrado por fin las imágenes del segundo ataque —contesta el sargento—. Desde luego no es un homicidio normal; es algún tipo de fiera, pero nada conocido. Seguimos sin entender cómo ha aparecido algo así por las calles de Madrid. Lo poco que se ve parece indicar que vuela y no es un ave, sin duda. La combinación de alas y tentáculos...

Germán se interrumpe. Las implicaciones de estos hechos le espantan un poco.

—Sigue—, dice Elena, mirándole a los ojos.

—Jefa, esto parece una locura, pero se parece un poco a las descripciones de algunos seres de ficción. De los mitos de Cthulhu, más concretamente.

El policía baja la vista y se mira los zapatos. Tiene las manos detrás de la espalda, como esperando un rapapolvo.

Antes de que Elena pueda contestar suena el teléfono. Contesta y vuelve a colgar poco después.

—Era Vallejo —dice la inspectora—. Quiere verme ahora mismo.

Aprieta los dientes, se levanta y con paso firme se dirige al despacho de su superior.

—¿Que habéis encontrado? Tengo que dar novedades al comisario jefe, pues el alcalde quiere resultados ya —dice Vallejo.

Elena contesta: —hemos encontrado imágenes de uno de los ataques. El agresor no es una persona, sino algún tipo de animal. Algo volador, pero no es ninguna de las aves conocidas.

—¡Paparruchas! —Exclama Vallejo—. No puede ser. Seguro que hay un complot terrorista detrás de todo esto. Suárez, estás fuera del caso. A partir de ahora lo llevará alguien de la central directamente.

Elena frunce el ceño y se apoya en la mesa del comisario.

—¡Es nuestro caso! Nos estamos acercando a la solución.

—No queda tiempo, Suárez. Tuviste tu oportunidad y has fallado. Vuelve a tu sitio y encárgate de otra cosa —concluye Vallejo.

Elena se incorpora, se da la vuelta y sale del despacho del comisario. Reprime a duras penas el impulso de dar un portazo.

De vuelta a su oficina se acerca Germán.

—¿Qué ha pasado, Jefa? Trae mala cara...

—Nos han quitado del caso, Germán —Elena masca las palabras, pronunciándolas despacio y cuidadosamente, con ojos fulgurantes—. Desgraciado—, murmura entre dientes.

—Germán, ¿no conocías tu a alguien en la división canina? —pregunta Elena.

—Sí, Jefa. Uno de los sargentos de esa unidad estuvo conmigo en la academia. —Contesta el sargento.

—Pues mira a ver si está de servicio y nos ayuda a buscar a esa cosa antes de que cause más daños —ordena la inspectora—. Dile que tenemos que rastrear a un sospechoso, pero no cites el caso por si acaso. Le esperamos en el mercado de San Miguel.

Unos minutos después Germán vuelve a la oficina. —Está en camino, inspectora. ¿Vamos?

17

Pocos minutos después la inspectora y el sargento llegan de nuevo a la plaza de San Miguel. Elena se seca el sudor de la frente con el dorso de la mano. Ha hecho mucho calor todo el día y el *bochorno* es asfixiante. Una ráfaga de viento caluroso le acaricia la cara. El aire levanta algunas hojas secas por el suelo. Un trueno retumba en la lejanía. Elena mira hacia arriba, fijándose en las negras nubes que se han ido acumulando en los últimos minutos.

En ese momento llega una furgoneta de la policía. De ella sale un agente de uniforme que abre la puerta de atrás y dice: —¡Ahora, Bailey!

Un pastor alemán salta y da la vuelta por detrás del policía y se sienta al lado de su pie izquierdo. Lleva un arnés con un cartel de la unidad canina. El agente engancha la correa a la hebilla.

—Hola, Javier —saluda Germán.

—Hola, Sargento. —Contesta éste.

—Inspectora. —Saluda, mirando a Elena y llevándose la mano a la gorra. El perro no se mueve. Jadea con la lengua fuera. Es un ejemplar magnífico, con el pelo brillante y una mirada inteligente.

—¿De qué se trata? —pregunta el agente.

—Necesitamos encontrar el rastro de algo que ha estado por aquí —dice Elena—. Le indicamos por dónde empezar la búsqueda. Es un poco más abajo. —La inspectora arranca en dirección al sótano donde piensan que se pudo guarecer el atacante. El sargento y el agente la siguen unos pasos por detrás. Bailey camina pegado a la pierna izquierda del cuidador. Al acercarse al ventanuco, el perro empieza a gruñir. Un relámpago rasga la oscuridad, seguido de un trueno a poca distancia.

Llaman a la casa por la que se accede al sótano y bajan con el perro al oscuro local. A Bailey se le eriza el pelo del lomo y sus gruñidos redoblan.

Los policías avanzan, enfocando con sus linternas en todas direcciones. Se acercan lentamente al agujero del techo donde encontraron los restos.

—¡Cuidado! Puede estar ahí —susurra Elena.

El perro empieza a ladrar furiosamente e intenta abalanzarse. El cuidador sujeta la correa y ordena —¡Para!

El ambiente es opresivo: cuesta respirar. Un olor desagradable ataca sus fosas nasales.

En ese momento, La Sombra salta sobre el sargento y le rodea el cuello con sus tentáculos. Germán intenta soltarse de la presión que le impide respirar. Bailey ladra desaforadamente y salta sobre la cosa.

Sin pensárselo dos veces, Elena coge una barra metálica de encima de una mesa y golpea al extraño ser. El golpe es violento y la criatura retrocede, soltando al policía. Sus oídos perciben unos pitidos extraños sobre un amplio rango de frecuencias. La Sombra elude al perro como puede y, extendiendo sus alas, vuela hacia la ventana.

—Germán, ¿estás bien? —Pregunta la inspectora.

—Sí, jefa —contesta este, palpándose el cuello. Estoy bien. ¡Vamos, se escapa!

El perro ladra a todo volumen e, ignorando las órdenes del cuidador, corre hacia la ventana. Salta repetidas veces, intentando llegar al ventanuco, que está demasiado alto.

—Subamos, ¡rápido!—ordena Elena.

Los policías suben los escalones de dos en dos y salen a la calle corriendo detrás de Bailey. Ha oscurecido y no se ve mucho por las escasamente iluminadas calles del centro de Madrid. Los humanos no saben muy bien adonde van, pero el olfato y el instinto del perro son infalibles. Hay algo en ese olor que Bailey encuentra extraño, ofensivo y hostil.

—¿Lo veis? —En ese momento un relámpago rasga la oscuridad. Una de las estatuas que adornan el edificio parece más bien una gárgola. El perro redobla los ladridos y la estatua cobra vida y sale volando de nuevo. —¡Por allí va!

Bajan por la calle del Sacramento en dirección a la calle Mayor. La tormenta se acerca rápidamente y se levanta un aire todavía muy caliente. Un trueno retumba a lo lejos. Empieza a llover ligeramente.

Al girar en la calle de Bailén ven a la cosa volar en dirección al Palacio Real. En esa zona hay muchas más farolas y pueden ver algún detalle: tiene las alas pequeñas, por lo que no puede volar muy rápido. El ser pesa demasiado y empieza a perder altura. Los policías sacan sus armas, pero la inspectora ordena: —¡Cuidado! Hay gente por la calle.

Algún curioso ha descubierto al ser volador y lo graba en vídeo con su móvil.

—Germán —dice Elena—, llama a la central y pide refuerzos. Aunque me cueste la placa esto tiene que acabar aquí.

Mientras corre, el sargento coge el micrófono de la radio

y dice: —¡Necesitamos ahora mismo dos patrullas en la Plaza de Oriente!

La tormenta está encima de ellos. Un relámpago rasga la oscuridad, seguido inmediatamente por el estallido de un trueno... A la luz del relámpago ven a la cosa volar sobre las calles de Madrid.

Los policías y el perro siguen corriendo detrás de la sombra voladora. Dejan atrás la catedral y pasan de largo el Palacio Real. El ser cambia el rumbo al Oeste. Sigue perdiendo altura y planea hacia los jardines de Sabatini y el Campo del Moro. La imagen es sobrecogedora: la silueta voladora se recorta contra las nubes y la luz de los relámpagos resaltan su apariencia demoníaca.

—¡Rápido! —dice la inspectora—. Si le perdemos llegará al río y no lo volveremos a encontrar. En ese momento, Elena levanta su Glock, quita el seguro y apunta a la sombra. Dos disparos retumban en el anochecer de la ciudad. Por lo menos uno de los proyectiles impacta en el extraño ser, pero sigue planeando hacia abajo.

Los policías bajan a toda velocidad las escaleras que Llevan a los jardines. Bailey gruñe y ladra sin parar. A pesar de su entrenamiento está fuera de sí. Sirenas suenan por la Cuesta de San Vicente. Dos coches patrullas con las luces encendidas se paran en la puerta lateral de los jardines y cuatro agentes entran y se acercan corriendo a la inspectora y sus acompañantes.

—Agentes, soy la inspectora Suárez. Perseguimos al sospechoso de los crímenes de estos días. Está ahí delante. Puede que esté herido, pero seguramente es peligroso —dice Elena sin dejar de correr, señalando hacia la sombra voladora. —Abrámonos un poco —ordena.

Los agentes toman caminos distintos en dirección al

Campo del Moro. La inspectora sigue con Bailey y su cuidador. Germán corre detrás, jadeando por el esfuerzo. Elena agradece sus entrenamientos nocturnos y aguanta el ritmo sin que su respiración se agite más de la cuenta.

18

La Sombra vuela cada vez más bajo. Sus alas son pequeñas para sostener su peso mucho tiempo. En otras épocas, sus antepasados podían volar grandes distancias. Las alas se han ido atrofiando con el paso de las generaciones y ahora sirven para poco más que planear cortas distancias.

Sabe que sus perseguidores andan cerca. Los extraños bípedos con las brillantes luces que la deslumbran y el cuadrúpedo peludo y ruidoso que parece decidido a hincarle los afilados dientes se acercan cada vez más.

De repente, oye un par de estruendos y nota el impacto de algo en su caparazón. La violencia del golpe desestabiliza su vuelo y pierde aun más altura. A pesar de lo primitivo de su sistema nervioso, La Sombra percibe una sensación parecida al dolor. La bala ha perforado una de las placas coriáceas que conforman su torso. La herida empieza a destilar un líquido viscoso. La Sombra busca un sitio donde aterrizar, a salvo de los policías y el perro.

Consigue planear hasta un abeto grande y posarse en una de las ramas intermedias, usando sus tentáculos para agarrarse y no caer. El árbol es muy frondoso y La Sombra espera que no la vean.

Guiado por su olfato, Bailey corre hasta el pie del abeto y ladra furiosamente, ignorando los intentos de su cuidador de calmarlo. El perro parece detestar el olor que desprende la criatura.

Los otros policías se acercan desde todas las direcciones, con la pistola en una mano y la linterna en la otra. —¿Dónde se ha metido? —Pregunta uno de los agentes de refuerzo, girándose para mirar a su compañero. —¿Lo ves?

En ese momento La Sombra salta del árbol y cae encima del policía. No está acostumbrada a ser la presa, sino el cazador. Antes de que el policía pueda hacer nada, el apretón de sus tentáculos le deja inconsciente. Sorprendidos por el repentino ataque, el resto tarda en reaccionar. Bailey consigue zafarse de la correa y salta encima de la criatura, clavándole los colmillos y mordiendo con fuerza. Elena es la primera en ponerse en marcha, levanta su arma y dispara a lo que parece ser la cabeza del monstruo. Éste se tambalea y cae al suelo, mientras el perro intenta atacarlo otra vez.

El cuidador consigue sujetar a Bailey y se aleja del cuerpo para calmarlo. El perro se resiste al principio, pero acaba acatando las órdenes de su amo. Germán se acerca al policía caído. Ve las marcas en el cuello, parecidas a la de las otras víctimas, pero parece que esta vez ha habido suerte y las heridas no son graves.

Mientras tanto, Elena y los agentes se acercan al cuerpo caído. La criatura tiene forma de barril, con el equivalente biológico de cinco *duelas*. Yace en un charco de un líquido viscoso amarillento y muy maloliente. En lugar de cabeza tiene una especie de estrella de cinco puntas, una de ellas rota por el impacto de la bala. En lugar de patas tiene dos series de tentáculos. Las alas, membranosas, están recogidas. El espectáculo es dantesco.

—¿Está... muerto? —pregunta un agente.

Elena se acerca un poco más y empuja con el pie el cuerpo de la criatura. No hay reacción.

—No lo sé —dice Elena—. Parece que sí, pero hay que montar guardia por si acaso. Llamen a una ambulancia para atender a su compañero. Germán, pide un coche celular para Llevarnos a esta cosa. No quiero sorpresas hasta que la forense dictamine lo que es y de dónde viene.

19

De vuelta en la sala de autopsias, Elena y Germán reciben el informe de la doctora Mónica Estévez.

—Es algo muy raro, extraordinario desde luego. Los órganos internos están protegidos por esa especie de duelas que le dan forma de barril. He tenido que serrarlas para abrirlo y son durísimas y al mismo tiempo correosas y flexibles, mucho más que el cuero.

Parece ser de origen vegetal, pues la simetría es radial, no longitudinal como la inmensa mayoría de las especies animales terrestre. El sistema nervioso es complejo y tuvisteis suerte de dispararle en la cabeza, pues tiene otros ganglios que parecen ser como suplementos del cerebro. Este tipo de organismo tenía que ser durísimo y difícil de matar.

El aparato digestivo es reconocible y he encontrado restos humanos, claramente de las dos víctimas de los asesinatos. Los apéndices tentaculares hacen las veces de brazos y patas y tienen algo semejante a bocas en los extremos. Las alas son membranosas y le permitían volar, más bien planear, durante trayectos cortos debido a la desproporción entre su peso y el soporte que proporcionan dichos apéndices.

—Y, ¿de dónde viene algo así? —pregunta Elena.

—Eso es más complicado de contestar —dice la forense —. He mirado la estructura de las células, o su equivalente, y no se parece en nada a la de los organismos terrestres.

—Me estás diciendo que es... ¿extraterrestre? —pregunta Elena, imaginándose de antemano la respuesta.

—Lo único que sé es que no es de este mundo, por lo tanto, sí, es extraterrestre. —Dice Mónica.

—Jefa, ¿recuerda la alarma de *Mamá*? —dice el sargento.

—Tienes razón, Germán—. Elena se dirige a la forense

—Gracias, Mónica. Nos has ayudado mucho en este caso.

Se despide de la médica y los policías vuelven a la zona de oficinas.

Una vez en su despacho, la inspectora dice al sargento:

—Germán, pregunta a *Mamá* por la aparición. Voy a informar a Vallejo.

—A sus órdenes. ¡Suerte, jefa! —contesta éste.

20

Elena se dirige a la oficina del comisario Vallejo.

—Señor comisario: el caso de los asesinatos del centro está resuelto. Hemos encontrado al causante, al que hemos tenido que abatir al resistirse en su detención.

—Suárez, ¡le dije que estaba fuera del caso! —*ladra* el comisario.

—Sí, señor, pero tuve una corazonada y nos llevó a la guarida de esa cosa y conseguimos eliminar la amenaza. Por cierto, no era un terrorista, sino un animal de especie desconocida.

Elena tiene que hacer un esfuerzo para mantener una expresión impasible y no sonreír. El comisario frunce el ceño y mira a la inspectora con ojos fulgurantes.

—Esta insubordinación le va a costar cara, Suárez. No me importa que haya resuelto el caso, según usted. Le voy a abrir un expediente disciplinario y mientras se resuelve está suspendida de empleo y sueldo. Entregue su arma y su placa.

La inspectora respira hondo, saca su pistola y le quita el

cargador y se asegura que no haya una bala en la recámara. Deposita la pistola sobre la mesa y a continuación deja su placa al lado. Se da la vuelta y sale del despacho del comisario.

Elena vuelve a su oficina con cara de pocos amigos. Al verla pasar, Germán se levanta y entra en el despacho.

—¿No ha ido bien la cosa?

—No, Germán. Estoy suspendida. He tenido que entregar mis cosas.

Mientras dice eso, Elena se agacha, abre un cajón y saca un revólver Smith & Wesson 64 de cañón corto, metido en una funda. Lo mete en el bolso y dice al sargento:

—Germán, ¿qué hay de esa aparición? —El sargento cierra la puerta y se sienta a la mesa.

—Jefa, podemos ir a ver, pero, ¿está segura?

—Segurísima —dice Elena—. Pero antes, ¡a celebrar! Hemos resuelto el caso después de todo. Vamos a la cervecería de la calle Caracas.

Unos minutos después, los policías están sentados a la barra del local, cada uno con un vaso de cerveza en la mano.

—Germán, estoy decidida a encontrar el origen de esa criatura. Mañana iré al sitio indicado por *Mamá* a ver qué encuentro.

—Iré con usted jefa, no la voy a dejar en la estacada —dice Germán.

Elena sonríe y no puede evitar que se le humedezcan los ojos. Más que su subordinado, el sargento se ha convertido en un amigo y eso es lo que más necesita en su situación actual. Elena levanta su vaso.

—Por nosotros, Germán. ¡Chinchín!

El sargento levanta su vaso y brinda con su superiora. —Por nosotros, jefa. ¡No dejemos que los burócratas nos estropeen la noche! ¡Salud!

Los policías beben un trago.

El local está bastante lleno y el ruido de las conversaciones apenas deja oír la música de ambiente. Por delante de ellos pasa una chica joven. Esta gira la cabeza y cruza la mirada con Elena por un instante. A Elena le parece distinguir un destello amarillo en los ojos de la joven, pero esta mira al frente y sale del local.

NOTAS DE GRAMÁTICA

He intentado evitar los *barbarismos*, o palabras en una lengua extranjera. El capítulo 3 se refiere a *Machine Learning*: la capacidad de un sistema de inteligencia artificial de "aprender" y refinar sus algoritmos en función de la entrada de datos.

En varias partes de esta historia hay descripciones bastante detalladas de calles y zones del centro de Madrid. Es un área de la capital que se presta a pasear, disfrutando de la arquitectura de siglos distintos.

Capítulo 6:

Modus operandi, en latín, manera de trabajar. Es una expresión relativamente común.

Municipales: coloquialmente, agentes de la policía municipal.

Capítulo 7:

Ponerse en cuclillas: agacharse hasta casi ras de suelo, doblando las rodillas y manteniéndose en equilibrio sobre los dedos de los pies.

Dar mala espina: tener la sensación de que algo malo va a pasar.

Pericial: del latín *peritia*: habilidad, capacidad o experiencia técnica. Es de uso frecuente en entornos administrativos o de aseguradoras. El perito es un experto en la materia que dictamina sobre las condiciones del caso concreto.

Capítulo 8:

En un contexto informático es difícil no utilizar expresiones en Inglés: *Dark Web, hackers, plugins, firewalls...* En lo posible he usado expresiones equivalentes en Castellano.

Capítulo 9:

Patalear: mover las piernas rápida y violentamente. En muchos casos, estando tumbado en el suelo u otra superficie.

Capítulo 10:

"Ideítas": diminutivo de ideas, con connotaciones despectivas, como en este caso. Se asocia con afirmaciones disparatadas, sin ningún sentido.

Ser chapado a la antigua: expresión que indica una manera de pensar anticuada, no acorde con los tiempos modernos.

Capítulo 11:

La manada de Pamplona. Grupo de cinco hombres condenados por atacar sexualmente a una joven en los *sanfermines*.

Riñonera: bolso pequeño incorporado que se Lleva a la cintura sujeto por una correa. A veces se Lleva a la espalda, cerca de la zona de los riñones; de ahí el nombre.

Capítulo 12:

Repelús: coloquialmente, dar miedo o escalofríos.

Probóscide: del Latín, *proboscis*, trompa.

Capítulo 13:

Red privada virtual: VPN, *virtual private network*.

Dar un toque: coloquialmente, avisar o llamar a otra persona.

Coger el toro por los cuernos: enfrentarse a una situación sin más dilación, dudas. Directamente.

Capítulo 14:

Agujero de gusano: *wormhole*.

Capítulo 16:

Rapapolvo: regañina o reprimenda.

Paparruchas: historias falsas.

Capítulo 17:

Bochorno: en este caso, sensación de calor con mucha humedad, propia de tormentas eléctricas.

Capítulo 18:

Coriáceo: relativo al cuero. Del Latín *corium*, cuero. Material de consistencia dura y resistente.

Duelas: cada una de las piezas de madera curva que forman un barril.

Capítulo 20:

Ladrar: en sentido figurado, hablar una persona de manera agresiva y casi gritando.

MADRID 1936

PREFACIO

La guerra civil española (1936-1939) fue un golpe de estado protagonizado por algunos generales del ejército contrarios a las políticas del gobierno de la II República Española. En febrero de 1936 el llamado Frente Popular ganó las elecciones con una cierta ventaja sobre la CEDA, una coalición de partidos de derechas.

El programa electoral del Frente Popular era relativamente moderado y quería continuar las políticas reformistas de los gobiernos republicanos anteriores. Estos habían conseguido establecer la jornada laboral de 8 horas, empezar una reforma agraria que permitiera el cultivo de los *latifundios* y empezar a recortar los privilegios seculares de la iglesia católica y de los mandos de un ejército anticuado y poco eficaz.

Al verse amenazados por las reformas del gobierno republicano, algunos sectores derechistas empezaron a conspirar contra él, buscando apoyos y financiación en el extranjero. En los años treinta, los gobiernos de la Alemania de Hitler y de la Italia fascista de Mussolini se erigieron en ejemplo de los conspiradores españoles. De hecho, tras ganar la guerra civil, el general Franco adoptó la simbología fascista propugnada por el partido falangista de José Antonio Primo de Rivera.

Durante la guerra, el ejército rebelde recibió armamento, munición e instrucción proveniente de Alemania e Italia, así como contingentes de soldados para apoyar varios frentes. La Unión Soviética mandó tanques y aviones para apoyar al ejército de la república.

BOMBAS SOBRE MADRID

Niñas, a la cama —dijo la madre. Teresa y Carmen salieron del pequeño comedor y se dirigieron al dormitorio que compartían. —¡Dejad la luz encendida! —recordó su madre. —¿Por qué, mamá? —preguntó Teresa. —Órdenes del gobierno militar. —Contestó la madre.

La familia García Sánchez vivía en un primer piso en la calle de Hortaleza, en pleno centro de Madrid. Para evitar miradas indiscretas, los colchones estaban en el suelo.

La sirena empezó a aullar como todas las noches a las 8 de la tarde. "Malditos alemanes", masculló la madre. —Ya podrían quedarse en su casa y dejarnos en paz con sus *Junkers*."

—Teresa, Carmen, vamos al refugio! —Las niñas volvieron, vestidas con sus batas de noche. —¡De prisa, vamos!" —Insistió la madre.

Las tres bajaron las escaleras cogidas de la mano. La madre portaba una mochila con dos mantas a cuestas, por si acaso.

A lo lejos se oía retumbar a la artillería antiaérea. El rugido de los motores de los bombarderos Junker se acercaba. Los primeros obuses explotaban en las calles de Madrid.

—¡Corriendo, al Metro! —Exclamó la madre. La estación de la Gran Vía estaba a la vuelta de la esquina y las tres corrieron hacia la boca del Metro.

Mucha gente bajaba las escaleras: familias con niños, personas mayores y ancianos. Al llegar a la plataforma un soldado armado con su fusil les cortó el paso y dijo: —Señora, no cabe nadie más. Aquí no pueden entrar.

—Pero las bombas han empezado a caer ya! —Exclamó la madre.

—Señora, hay demasiada gente aquí abajo y hay peligro de que se caigan a las vías. Tienen que irse.

La madre se giró en redondo. —Vamos, niñas. Vamos a la Telefónica a ver si hay más suerte. —Al salir a la superficie empezaron a oír el silbido de los obuses al caer y el rumor sordo de las explosiones.

La familia corrió una manzana hasta el portal del edificio de la Telefónica. Un par de *milicianos* guardaban la puerta con sus fusiles en ristre. "Venimos del Metro. ¡Dejadnos pasar, camaradas!

—Lo sentimos, señora. Está llenísimo, no cabe nadie más. Sería peligroso para todos. —La madre apretó los dientes y, tirando de las manos de sus hijas, fue dando grandes zancadas de vuelta a su casa. "¡Asco de guerra!

Una bomba incendiaria cayó al otro lado de la Gran Vía. La onda expansiva de la explosión casi las tiró al suelo. Trastabillando, consiguieron seguir corriendo hacia su portal. —Mamá, ¿qué pasa? —Preguntó Carmen, la pequeña, con los ojos muy abiertos, a punto de romper a llorar.

—Una bomba ha caído cerca. No te preocupes, Carmen. No nos ha pasado nada. —Contestó la madre. —¿Y papá? —preguntó a su vez Teresa. —La madre frunció el ceño. —Se fue al refugio en cuanto sonó la sirena. Ya ves que no nos hace falta, nos apañamos nosotras solas.

CAMINO AL COLEGIO

Otro día Teresa corrió las escaleras abajo, camino del colegio. —Ten cuidado con los obuses, Teresa! —le recordó su madre desde la puerta de su piso. —Sí, mamá. Claro. Voy con Aurora. Ya nos damos cuando dispara *El Abuelo.*

Unos portales más abajo por la calle de Hortaleza la esperaba su amiga Aurora. —¿Qué tal habéis pasado la noche, Teresa?

—Bueno, cuando sonó la alarma antiaérea fuimos al metro y luego a la Telefónica, pero al final tuvimos que volver a casa. Estaba todo hasta la bandera.

Las chicas Llevaban a cuestas sus mochilas con los libros. Iban a una escuela pública en la calle Martínez Campos. Era verano y aun yendo con blusas de manga corta, las chicas sudaban. Andaban por la sombra, como los perros, evitando los rayos del sol.

De repente oyeron el retumbar lejano de *El Abuelo*. —¡Corre, corre! —dijo Teresa. —Vamos a aquel portal abierto, allí enfrente. —Las chicas se metieron en un pasillo oscuro respirando afanadas por la carrera. Oyeron el silbido del obús y el estruendo de la explosión en un edificio cercano, seguido por el ruido de cascotes y de cristales rotos.

—Ya ha caído. Vamos, Teresa. Nos queda un rato hasta el *cole*.

Las chicas siguieron su marcha, teniendo cuidado de buscar portales abiertos por si se producían más bombardeos o ataques aéreos.

Cruzaron Alonso Martínez a toda prisa, bordeando la plaza para no quedarse en campo abierto.

Subían por Santa Engracia cuando empezaron a oír ruido de aviones. —¿Son del enemigo? —preguntó Teresa.

—¡No! No suena la alarma. ¡Son *Moscas*!—contestó Aurora. Las chicas empezaron a vitorear, saludando a los pilotos. Agitaban sus gorros al tiempo que saltaban y gritaban: —¡Viva la República!—Los pilotos dieron un par de vueltas sobre el centro de Madrid y luego se dirigieron al Oeste, hacia el frente.

Las chicas siguieron en dirección al colegio.

EN LA TIENDA DEL BARRIO

Una tarde, al volver del colegio, Teresa fue a comprar azúcar y otros productos racionados a la calle de la Madera. Un soldado vigilaba la entrada al establecimiento municipal, para evitar disturbios o abusos.

Teresa se puso a hacer cola con la cartilla de racionamiento de su familia. —¿Quién es la última? —Preguntó. —Yo —, contestó una de las mujeres de la cola. Teresa se colocó detrás y se dispuso a esperar a que le llegara el turno. Mientras esperaba repasaba mentalmente la lección y los deberes del colegio para el día siguiente.

El soldado era muy joven y la sonrió cuando Teresa pasó por delante de él. Teresa se fijó en el miliciano: pelo muy corto por debajo del gorrillo marrón, camisa abierta y apoyado en el fusil Mauser.

De repente sonó un cañonazo a lo lejos. El soldado gritó: —Vayan todos dentro! —La gente de la cola corrió a cobijarse en la entrada de la tienda. El silbido del obús se convirtió en un aullido y la bomba cayó al otro lado de la calle. La explosión fue violenta y el ruido atronador.

Teresa oyó un grito de dolor. Al volverse, vio cómo el soldado, caído en el suelo, se Llevaba una mano a la cabeza. La muchacha se acercó al herido y se sobresaltó al ver que el chico perdía mucha sangre. Un trozo de metralla le había herido la oreja, arrancándosela parcialmente. Teresa, recordando las clases de primeros auxilios del colegio, se quitó el pañuelo que Llevaba al cuello y lo apretó contra la herida del soldado. El chico se quejó e intentó zafarse, pero Teresa insistió: —¡Déjame ayudarte, camarada!—. Quitó la improvisada compresa y vio que no parecían quedar restos de metralla. Por suerte, la herida era superficial y la chica volvió a aplicar el pañuelo para restañar la hemorragia.

Al rato llegaron los sanitarios y se hicieron cargo del soldado. Teresa volvió a su casa. Estaba un poco mareada: había bastante sangre y ella no estaba acostumbrada.

EN LAS TRINCHERAS

Teresa fue como todas las tardes a las cocinas de la casa del pueblo de su barrio. Allí ayudaba con tareas sencillas, a veces cocinando y otras repartiendo comida. Esa tarde le encargaron Llevar las bolsas con las tarteras para los soldados del frente de la Ciudad Universitaria. Subió con su amiga Aurora al camión militar que las llevó por la Gran Vía camino de Moncloa. Las muchachas iban vestidas de milicianas: pantalones con peto, una camisa de manga larga y el gorrillo. —Tened cuidado, chicas. El enemigo no cesa de disparar. Arrastraos por el suelo y ¡nada de mirar por encima de las trincheras!

El camión paró en una zona resguardada, entre muros castigados por los disparos. Aurora se fijó en los sacos terreros que reforzaban las paredes. Unos soldados los Llevaban a cuestas y los dejaban caer encima de los otros. Luego, los colocaban de manera que no quedaran resquicios. También se aseguraban de que la estructura fuera estable y que no se fueran a caer al primer impacto de artillería.

Las amigas se bajaron del camión, Llevando al hombro

sus bolsas. A pesar de sus 14 años las chicas iban cargadas como mulas. Al salir de la zona resguardada se agacharon, andando en cuclillas al principio. Llegaron a la entrada de una de las trincheras y dejaron las bolsas en el suelo, quedándose con una cada una. Se tumbaron boca abajo y empezaron a reptar arrastrando la bolsa. Llegaron a un grupo de soldados que se alternaban para disparar. Unos recargaban los fusiles Mauser y los otros disparaban, intentando acertar a las filas enemigas. —¡Aquí tenéis la comida, camaradas! —Anunció Aurora. Las chicas repartieron las tarteras y las cantimploras con agua. —Sois unos ángeles. —Dijo uno de los soldados, acompañando las palabras con una amplia sonrisa. Las muchachas le guiñaron un ojo y volvieron reptando a recoger otra bolsa de provisiones.

Una tras otra fueron repartiendo las bolsas a varios grupos de milicianos. Al llegar al último, Aurora se detuvo a hablar con un soldado que conocía. El miliciano estaba manchado de polvo y churretes de sudor le hacían surcos por la cara.

Teresa la metió prisa: —Aurora, ¡vamos, tenemos que irnos!—El soldado Llevaba el casco medio torcido y la chica se incorporó para colocárselo mejor.

En ese momento sonó un disparo desde el frente enemigo y la chica recibió un impacto que la hizo saltar hacia atrás. Teresa gritó: —¡Aurora!—Saltó sobre su amiga y vio la mancha de sangre en el hombro derecho de la chica. El soldado gritó: —¡Sanitarios. Una miliciana herida! —Mientras llegaba la ayuda médica, Teresa intentaba frenar la hemorragia. —Aurora, ¡quédate conmigo, no te vayas! —Su amiga estaba medio inconsciente por el *shock* traumático. El olor metálico de la sangre la embriagaba. Llegaron dos enfermeros con una camilla y se la Llevaron protegiéndose como pudieron por debajo de los bordes de las trincheras. Teresa los seguía agachada.

Llegaron a la tienda que ejercía de hospital de campaña. —¡Doctora! ¡Una chica herida de bala en el hombro!—Gritó uno de los camilleros. La médica se acercó con paso cansino. Su bata estaba manchada de sangre y hasta en su cara tenía rastros rojos. —Llevadla a la mesa de allí al fondo —dijo la médica, con su fuerte acento Francés. —Es el único quirófano que tenemos.

Teresa empezó a andar tras los enfermeros, pero la doctora le cortó el paso. —Esto no es sitio para ti. ¡Vete y da gracias por seguir viva!

—Pero, ¡quiero estar con mi amiga!—dijo Teresa, con lágrimas en los ojos.

—Haré lo que pueda —dijo la médica. —Deja sus datos al ordenanza y vuelve a tu casa.

—¿Vivirá? —Insistió Teresa.

—No lo sé, niña. Hoy hemos perdido a mucha gente. El enemigo nos ha castigado sin piedad durante todo el día. Ya avisaremos a su familia si podemos.

—Volveré más tarde. —Prometió Teresa.

NOTAS DE GRAMÁTICA

M*ilicianos*: soldados del ejército republicano, en muchos casos no profesionales.

El Cole: coloquialmente, el colegio.

Moscas: aviones soviéticos Polikarpov I-16, conocidos como "moscas" popularmente.

MADRID 1942

PREFACIO

Media España ocupaba España entera con la vulgaridad, con el desprecio total de que es capaz, frente al vencido, un intratable pueblo de cabreros.

Barcelona y Madrid eran algo humillado. Como una casa sucia, donde la gente es vieja, la ciudad parecía más oscura y los Metros olían a miseria.

(Jaime Gil de Biedma: «De los años cuarenta», Moralidades)

Los años de la posguerra fueron muy duros en España. A los destrozos de una guerra civil hubo que añadir la espantosa represión que la dictadura del general Franco ejerció contra los partidarios de la república. Decenas de miles de personas fueron procesadas, mandadas a campos de concentración y en muchos casos, ejecutadas.

La obsesión del general Franco con masones y comunistas desencadenó una auténtica caza de brujas y cualquier delación podía causar la detención inmediata del sospechoso.

La afinidad del general Franco con Hitler y Mussolini no le granjeó simpatías en los otros gobiernos europeos. Sin embargo, con el advenimiento de la II Guerra Mundial en Septiembre de 1939, el resto de Europa tenía otras cosas en que pensar. Durante la guerra, Franco se mantuvo al margen, esperando concesiones del régimen de Hitler por participar en el conflicto. Dichas concesiones nunca se concretaron y España no entró en guerra. Solo un destacamento de voluntarios de la Falange fue al frente de Rusia para combatir al lado de la *Wehrmacht*, el ejército alemán. Este cuerpo fue la llamada División Azul por el color de las camisas falangistas.

La posguerra fue un periodo de gran penuria para la mayoría de españoles: al atraso centenario de la economía, muy poco industrializada, se añadieron los destrozos de la guerra. Además, el régimen de Franco quedó aislado por la comunidad internacional tras el final de la II Guerra Mundial por su afinidad con el bando perdedor. El dictador se decidió a promover el concepto de una España autosuficiente. Lo llamó "autarquía" y limitó las importaciones y exportaciones, lo que deprimió aun más la economía. Fueron tiempos de miseria y desempleo. La gente subsistía de mala manera con las cartillas de racionamiento, mientras florecía el mercado negro, también llamado *estraperlo*.

Franco prohibió los sindicatos y las huelgas, reprimiendo con dureza cualquier intento de protesta. También ilegalizó todos los partidos salvo la Falange. La situación económica no mejoró hasta el final de los años 50, cuando Franco abandonó la *autarquía* y por fin aceptó créditos de Estados Unidos a cambio del uso de bases militares en territorio español.

EL MÉDICO

Doña Rosa, con sus manos gordezuelas apoyadas sobre el vientre, hinchado como un pellejo de aceite, es la imagen misma de la venganza del bien nutrido contra el hambriento. ¡Sinvergüenzas! ¡Perros! De sus dedos como morcillas se reflejan hermosos, casi lujuriosos, los destellos de las lámparas.

(Camilo José Cela, La Colmena)

El médico llegó a Madrid el 19 de Abril de 1942. Iba a Madrid para trabajar en el hospital *Niño Jesús*, contratado como pediatra especializado en traumatología. Al bajar del tren en la estación de Atocha se quedó con la boca abierta al ver el nivel de deterioro de las instalaciones y la suciedad del entorno. La guerra había terminado hacía tres años pero sus cicatrices eran evidentes: agujeros en la bóveda, cristales rotos y montones de cascotes, consecuencias de las explosiones.

Salió de la estación a la calle de Méndez Álvaro con su

pequeña maleta en la mano. Al pasar el portal de acceso se tropezó con una niña que venía en dirección contraria. Miró hacia abajo y la ayudó a levantarse del suelo. Tendría unos diez años y su vestido estaba remendado y necesitaba un lavado. —¿Estás bien? ¿Te has hecho daño?

—No, señor. No ha pasado nada. —Contestó la niña, alisándose el vestido con sus manos huesudas. De repente empezó a rascarse la cabeza. Su pelo necesitaba un buen lavado y aún más un cepillado.

—Señor, ¿tiene donde quedarse esta noche? —La pregunta le sorprendió. La miró detenidamente a los ojos, muy oscuros. No pudo evitar fijarse en cómo se le marcaban las costillas a través de la raída tela del vestido. —Mi madre tiene una pensión aquí cerca. —Continuó la niña, —las sábanas son nuevas y los colchones no tienen chinches. Damos comidas también, si quiere.

El hombre miró los churretes que tenía en la cara y frunció el ceño. —¿Seguro que está todo limpio? —Preguntó.

—Claro, señor. Venga y véalo por sí mismo.

La niña cruzó la calle y él la siguió. Apenas había coches por la calle. —Niña, ¿cómo te llamas? —Preguntó.

—Carmen —, contestó ella.— Tengo 13 años—.

La miró otra vez y enarcó las cejas. —¿No hay coches por las calles? —Prosiguió.

—No. Hay escasez de gasolina y el gobierno ha prohibido que circulen los coches particulares. La policía vigila para que se cumpla la ley. De todas maneras, casi nadie tiene coche: solo los *ricachones*.

Al pasar por delante de un establecimiento un intenso olor a grasa rancia asaltó la nariz del médico. —¿A qué huele, Carmen?

—Son *gallinejas*, algo típico de este barrio. No sé muy bien de qué están hechas. —Contestó la niña.

Unos portales más adelante, ya cerca de la glorieta de Atocha, Carmen se volvió y dijo: —Es aquí. Pensión Lina. Ella es mi madre.

Entraron en el portal, oscuro y con restos de polvo. Subieron por las escaleras al primer piso y la niña aporreó la puerta. —¡Mamá! ¡Traigo un cliente!

Al poco se abrió y apareció una señora con un delantal que fue blanco en algún momento y un pañuelo a la cabeza.

—¡Pase, pase! —Invitó la *patrona*.

—Mamá, le he dicho que puede ver la habitación.

—Naturalmente, venga por aquí, caballero.

Ellas iban delante y el hombre las seguía. La patrona abrió una puerta y le invitó a pasar.

—Nuestra pensión es la más limpia del barrio. Compruébelo usted mismo.

La habitación era pequeña y oscura. La ventana daba a un patio interior y, al ser un primero, no entraba mucha luz. Había un armario en una pared, con un espejo con desconchones. El hombre se sentó sobre el colchón. Estaba bastante blando y los muelles del *somier* crujieron. La patrona abrió el embozo y dijo:

—La ropa está impecable y naturalmente, no hay *bichos*.

—Está bien. Me interesa. —El hombre pagó una semana por adelantado y la niña le miró con ojos brillantes al sacar el monedero y ver los billetes que llevaba.

—Carmen, deja al señor en paz y vámonos. La comida es a las dos. Hoy hay tortilla de patatas. —Dijo la *patrona*. Cerraron la puerta y el médico contempló sus dominios para los próximos días: una cómoda algo destartalada, una jofaina en un soporte de hierro forjado, una jarra de porcelana y una pequeña toalla colgando.

Se puso a repasar sus papeles, sobre todo la carta de acreditación para el hospital.

Un rato después salió de su habitación y entró en el baño comunitario. Se lavó las manos y las secó con una toalla razonablemente limpia y seca. Siguió por el pasillo en dirección a la cocina. La radio atronaba el himno de la Falange, el *Cara al Sol*.

—¿Puede bajar un poco la radio? —preguntó el médico.

—No señor, que van a pensar los vecinos que somos *desafectos* y por menos de nada nos denuncian a la policía.

—¿Desafectos? —Preguntó.

—¡Como se nota que usted no es de aquí! Desafectos son traidores al régimen y al Caudillo; enemigos de España.

La patrona siguió pelando naranjas. Luego empezó a quitarles la parte interior de las cáscaras. El hombre se quedó mirándola, con los ojos abiertos como platos. La mujer se dio cuenta, le miró y dijo, señalando los restos de las naranjas: —Estas son *lascas*. Sirven para mi tortilla de patatas. En el mercado no hay casi nada y una tiene que improvisar.

—¿Y los huevos? —preguntó él.

—De eso, menos todavía. Me las ingenio con harina, bicarbonato, aceite y algo de colorante.

El médico sonrió, intentando imaginarse el sabor de una tortilla de patatas… ¡sin patatas y sin huevo! Una olla estaba en el fogón y se oía el bullir del agua hirviendo. El olor era indefinible, no desagradable, pero tampoco especialmente apetitoso.

—Vaya al comedor que enseguida le sirvo. ¡Carmen, llama a los otros huéspedes!—. La niña le indicó mi sitio y el médico se sentó a la mesa. Musitó un —buenas tardes — cuando vinieron los otros: dos hombres de mediana edad, sin afeitar y de aspecto descuidado. Uno de ellos Llevaba una americana y el médico se fijó que se le veían las costuras. El hombre le miró y dijo: —Es lo que hay, caballero. El dinero no da para más y hay que aprovechar la ropa hasta el final. —El médico bajó la vista, contemplando su plato. Mientras tanto, la patrona había servido lo que anunció como *sopa de verduras*. No se veía más que un par de trozos de repollo flotando en agua caliente, con algo de aceite nadando por encima.

—¡Que aproveche! —Dijo el médico. Los otros comensales asintieron y empezaron a comer.

EN EL HOSPITAL

Tras la comida el médico salió a la calle y buscó un taxi. Apenas había coches por la calle. Se acercó a la esquina de la glorieta de Atocha y por fin vio llegar un vehículo con el letrero de *Taxi*. Le hizo un gesto de llamada y se acercó, traqueteando. Una explosión le sobresaltó. El taxi llevaba montado por detrás una especie de chimenea, de la que salía un humo acre, como de leña mezclada con alquitrán. El conductor se bajó y dijo: —Un momento, caballero. Tengo que arrancar el *gasógeno* de nuevo. —El taxista abrió un portillo de la chimenea y echó un par de trozos de leña. Tiró de una palanca y el invento empezó a girar y a echar humo de nuevo. —Ya está, ¡como nuevo! En estos tiempos no hay donde comprar gasolina y he tenido que hacer esto para ganar algo de dinero. ¿Dónde le llevo?

El pasajero entró en el taxi, intentando no pensar en el artefacto que iba detrás de sí. —Lléveme al hospital Niño Jesús, en la calle de Menéndez Pelayo.

—Enseguida, jefe. —El taxista arrancó y el vehículo avanzó con dificultad, impulsado a duras penas por el gasógeno. Apenas iba más rápido que una bicicleta. El hombre miró por la ventana, viendo pasar primero el jardín botánico, o lo que quedaba de él. Luego dejaron atrás el Museo del Prado, milagrosamente salvado de los bombardeos durante la guerra.

Pasada la plaza de Cibeles el taxista tomó la calle de Alcalá en dirección al parque del Retiro. El taxi traqueteó por la cuesta en dirección a la Puerta de Alcalá y rodeó el parque, entrando en la calle de Menéndez Pelayo.

—Hemos llegado, señor—. Anunció el taxista. El médico le dio unas monedas y se bajó, cruzando la calle a continuación. Apenas había tráfico.

En la recepción, el médico se presentó: —Soy el Dr. Álvarez. Hoy es mi primer día aquí.

La recepcionista dijo: —Vaya al primer piso. Ahí está la dirección médica y le indicarán. Suba por aquellas escaleras, por favor.

Tras subir la escalinata entró en la oficina rotulada *Dirección Médica*. Un hombre con bata blanca se levantó y se dirigió a él.

—Buenos días. Soy el Dr. Álvarez, especialista en traumatología. Empiezo hoy.

—Bienvenido, doctor. Soy el Dr. Jiménez, el encargado de la dirección médica del centro. He visto sus cualificaciones y nos vendrán muy bien. Veo que ha estudiado en el extranjero...

—Sí, Dr. Jiménez. Estudié en Oxford y tuve el honor de trabajar en el equipo del profesor Dunn. Proseguimos los esfuerzos de Fleming y Florey y conseguimos extractos muy puros de penicilina. Los resultados de los últimos experimentos y pruebas han sido muy prometedores.—

—¿Y cómo es que ha vuelto a España?

—La investigación está bien, pero ahora quiero poner en

práctica lo que he aprendido para ayudar a pacientes. Estuve algunos meses en el hospital en Oxford, pero quise volver a mi país. —Contestó.

—Bien, Álvarez. Aquí no le faltarán ocasiones. Lo único es que en España no tenemos los medios de otros países. Tendrá que usar lo que tengamos disponible.

—Haré lo que pueda, Dr. Jiménez. —Considerando lo que Llevaba visto de Madrid, las expectativas del nuevo médico sufrieron un bajón considerable.

—El departamento de Traumatología está en la segunda planta. Avisaré que sube usted.

EN EL COLEGIO

—Alberto, ¿vienes a jugar?

—Ya sabéis que no juego muy bien... —Dijo Alberto, cerrando el libro que estaba leyendo en el recreo.

—No importa, vente. Nos falta uno.

Alberto se levantó de la bancada de cemento en la que estaba sentado y se dirigió al centro del patio del colegio. Dejó el libro y las gafas en el montón en el que los otros chicos de su curso habían dejado sus cosas y se acercó al grupo.

—Alberto, tú juegas de defensa. —Dijo Javier, un chico delgado y bajito para sus 14 años, pero que jugaba muy bien al fútbol.

—De acuerdo, haré lo que pueda. —Contestó Alberto. Echó un vistazo a los equipos y, aunque era corto de vista, vio que Juan, el mejor delantero de la clase, vendría por su lado. —Haré lo que pueda. —Repitió con la cabeza gacha, más para sí mismo que para los demás.

El partidillo empezó, con los chicos corriendo un poco

alocadamente por el campo de tierra tras la pelota que habían hecho con unos trapos viejos.

Tras un ataque rechazado más por suerte que por habilidad, la pelota cayó por el lado de Alberto. Este salió corriendo, intentando empujar la bola al mismo tiempo que procuraba esquivar a los jugadores del equipo contrario. Ensimismado en el control de la pelota, no oyó como Juan se acercaba a grandes zancadas por detrás. Su oponente metió la pierna y Alberto se tropezó con ella, perdiendo el control y rodando sobre el cemento.

Un dolor lacerante le hizo Llevarse las manos a la pierna derecha. Salía bastante sangre y a Alberto le daba miedo destapar la herida para ver la gravedad de la lesión.

Una profesora se acercó, le ayudó a levantarse y le acompañó hasta una habitación que hacía las veces de botiquín. Allí, la profesora le lavó la herida como pudo, quitando los restos de tierra. —Esto te va a doler. —Dijo la profesora, al tiempo que limpiaba los últimos restos con un algodón empapado en alcohol metílico. Alberto apretó los dientes, pero no dijo nada. La profesora le vendó la tibia con unos trapos viejos, pues no se podía conseguir material de botiquín con las cartillas de racionamiento, ni siquiera los colegios.

—Cuando vuelvas a casa di a tus padres que te limpien la herida otra vez. Sería bueno que fuerais a un médico, he hecho lo que he podido, pero hay que cuidar esa herida. —Dijo la profesora.

—Gracias, señorita —Dijo Alberto.

COMPLICACIONES

Alberto volvió a casa por la tarde. Cojeaba por la calle; la herida le dolía. Punzadas de dolor subían por la pierna. Apretó los dientes y siguió andando.

—Mamá, me he caído jugando al fútbol y me he hecho una herida—. Anunció Alberto al llegar a casa.

Julia, su madre, levantó el improvisado vendaje y dijo: —La herida es fea, pero seguro que se cura rápidamente.

—Luego, dirigiéndose al hermano mayor: —José, ve a casa de la vecina y pregunta si tiene yodo. A nosotros no nos queda y en el mercado negro está por las nubes.

La madre llevó a Alberto a la cocina y lavó la herida como pudo. Al rato volvió José. —Dice que no tiene, mamá.

—Cirugía de guerra. —Mascculló Julia. Hirvió un poco de agua en el fogón de leña y lavó la herida de nuevo con el líquido caliente. Alberto gruñía y apretaba los dientes cada vez que su madre le tocaba la herida.

—He hecho lo que he podido, Alberto. Ya veremos cómo evoluciona.—

Un par de días después Alberto seguía quejándose y cojeaba cada vez más. La herida se había hinchado y había tomado un color rojo oscuro. Puntos amarillos delataban una supuración inminente.

—Tenemos que Llevarte al hospital. La herida no tiene buena pinta. La tiene que ver un médico. —Dijo la madre. Bajaron a la estación de Metro más cercana y se bajaron en la de Retiro. A Alberto le costaba andar, pero no había más remedio.

Llegaron al hospital del Niño Jesús y la madre dijo a la recepcionista: —Mi hijo necesita que le vea un médico. Tiene una herida en la pierna y creo que se ha infectado.

—Llamaré al doctor Álvarez. Pase a aquella sala y espere. El doctor llegará en cuanto pueda.

La madre y el hijo pasaron a la pequeña habitación. Había una mesa pequeña, una camilla y un armario bajo, con puertas de cristal. El blanco de las paredes necesitaba una mano de pintura y los muebles tenían un aspecto desvencijado.

Al cabo del rato se abrió la puerta y entró un hombre alto con una bata blanca. —Soy el doctor Álvarez, de Traumatología.

—Doctor, mi hijo Alberto tiene una herida que parece infectada. —Dijo Julia.

—Veamos—, dijo el médico.— Alberto, ¿sabes cómo se pone un termómetro?

—Creo que sí. —Dijo Alberto, desabrochándose la camisa. Tomó el termómetro que le ofrecía el médico y se lo colocó debajo del brazo izquierdo, apretándolo contra el cuerpo a continuación.

—En unos minutos nos dirá como andas de fiebre, aunque algo pareces tener. Veamos la herida.

El Dr. Álvarez retiró los apósitos que tapaban la herida y dijo: —Estas heridas hay que dejarlas al aire libre. Hay gérmenes que se mueren al darles el aire y que en cambio se multiplican tapados. *Anaeróbicos*, se llaman.

Los labios de la herida presentaban un color carmesí muy intenso. Un hilo de pus caía a lo largo de la tibia del chico.

—Efectivamente está infectada. —Dijo el médico. —¿Le han dado algo?

—No, doctor. —Dijo Julia.— Ya sabe como están las cosas: no tenemos ni alcohol ni yodo, ni lo hemos podido encontrar entre los vecinos.

—Le voy a poner sulfamida en polvo en la herida y le daré algún comprimido para seguir el tratamiento en casa. Alberto, dame el termómetro, por favor. —El médico miró a contraluz la columna de mercurio.— 38 y medio. No es de extrañar: la infección está bastante extendida. Habrá que ver si ha afectado a la tibia. La osteomielitis es un peligro real. Depende de qué bacteria ha causado la infección.

—¿Osteo... mielitis? ¿Qué quiere decir, doctor? —Preguntó la madre.

El médico dijo: —La infección puede haberse extendido al hueso. Depende de lo avanzada que esté. Las sulfamidas van bien contra el estreptococo, un germen patógeno. Por desgracia, la penicilina aun no está disponible comercialmente ni en el resto del mundo, ni mucho menos en España. Sería un tratamiento más fiable, sobre todo si la causa son estafilococos, pero es lo que hay. Vuelva dentro de tres días para ver cómo evoluciona la infección. Mientras tanto, siga lavando la herida con agua caliente y retirando los restos de pus. Una vez limpia la herida, esparza más polvos de sulfamida como me ha visto hacer a mi.

—Gracias, doctor.

Tres días después la madre y Alberto volvieron al hospital. —¿Cómo estás, Alberto? —Preguntó el Dr. Álvarez.— Pareces seguir teniendo fiebre.

—Apenas puedo andar, doctor. —Dijo el chico.— Además, de la herida salen restos blancos, aparte del pus.

—Eso son malas noticias. Déjame que lo mire de cerca. —El médico cogió una lupa y miró en la herida. Rascó un poco en el interior, lo que provocó un grito de dolor del chico.

—Señora, como me temía, la infección ha llegado al hueso. Tenemos que limpiar los tejidos afectados en el quirófano. Si no, Alberto corre el riesgo de perder la pierna.

—Doctor, ¡no me asuste! —Dijo Julia.

—Es la única solución con los materiales que tenemos disponibles. Como dije el otro día, la penicilina habría ayudado. Trabaje con ella cuando estuve en Inglaterra, pero no se encuentra en el mercado.

—Haga lo que tenga que hacer, doctor. —Dijo Alberto.

EPÍLOGO

Madrid, 1951.

~

Alberto volvió una vez más al hospital del Niño Jesús. Habló con el Dr. Álvarez. —¿Cómo va eso, Alberto? —— Muy bien, doctor. Acabo de terminar la carrera de medicina. Empezaré las prácticas pronto.

—¿Y la pierna? —Preguntó el traumatólogo.

—¡Estupendamente!— Contestó el joven con una amplia sonrisa. —Hace tiempo que no necesito el bastón. De vez en cuando se me inflama el hueso y expulsa esquirlas, pero puedo hacer una vida totalmente normal.

—Me alegro, Alberto. —Dijo el médico. —No te libraste mal del todo; podría haber sido mucho peor. La osteomielitis es peligrosa. Si hubiéramos tenido penicilina... De hecho, he tenido hace poco un caso parecido al tuyo. El antibiótico hizo milagros y el paciente se recuperó sin secuelas.

—La vida es así, doctor. Quizá gracias a eso he estudiado

medicina. Quiero poder devolver a otros lo que la vida me ha dado.

El médico estrechó la mano del estudiante. —Pásate por aquí cuando quieras, Alberto. Nos harán falta médicos como tú.

DEDICADO A MI PADRE, que fue el protagonista de los hechos narrados en esta historia de manera novelada. Hasta siempre, Papá. ¡Te echo de menos!

NOTAS DE GRAMÁTICA

Estraperlo: coloquialmente, mercado negro. En la posguerra en España, debido a la escasez, florecía el comercio clandestino de productos de primera necesidad.

Gordezuelas: diminutivo de *gordas*. En algunos casos con tintes cariñosos, en éste son más bien despectivos.

Ricachones: aumentativo despectivo de *rico*, sobre todo entre las clases más pobres.

Gallinejas: tripas de cordero fritas. Se vendían en kioscos y puestos callejeros. Hoy en día apenas se encuentran.

Patrona: dueña o encargada de una pensión.

Desconchones: partes de una pared de la que se ha caído la pintura.

Somier: soporte del colchón, en esa época un entramado metálico con muelles.

Bichos: insectos y parásitos.

MEMORIAS OLVIDADAS DE LA TRANSICIÓN

PREFACIO

Desde 1974 a 1978 España vio el mayor número de huelgas y movimientos de protesta que Europa haya visto, de manera que si bien Franco murió en la cama, la dictadura murió en la calle.

(Vicenç Navarro, Catedrático Emérito de Ciencias Políticas y Políticas Públicas; Universitat Pompeu Fabra, Barcelona)

~

Se denomina **La Transición** al proceso iniciado tras la muerte del dictador Franco, que fue el jefe del estado español desde el final del la guerra civil (1936-1939) hasta su muerte en 1975.

En 1973, Franco, enfermo y anciano, se aparta temporalmente de las funciones ejecutivas y las delega al presidente del gobierno, el almirante Carrero Blanco.

El régimen franquista estaba en plena decadencia y su imagen internacional estaba muy deteriorada tras las ejecuciones de condenados en procesos militares en 1974 (dos personas) y Septiembre de 1975 (cinco). Destacados dirigentes internacionales pidieron clemencia al dictador, pero éste se mantuvo inflexible. Franco rechazó las peticiones e insistió en su teoría de la conspiración, según la cual eran los comunistas y masones que querían acabar con España los organizadores de las protestas.

El general Franco murió el 20 de Noviembre de 1975. Inmediatamente, el parlamento franquista proclamó rey a Juan Carlos de Borbón, tal y como había decidido Franco en 1969. En 1976 el rey Juan Carlos I nombró a Adolfo Suárez presidente del gobierno, encargándole la negociación con los partidos políticos hasta entonces ilegales.

Eran tiempos de una grave crisis económica, relacionada con la decisión de la Organización de Países Exportadores de Petróleo (OPEP en castellano) de suspender el envío de petróleo a los países que habían apoyado a Israel durante la guerra del Yom Kippur, en Octubre de 1973.

España, carente de recursos energéticos propios, sufrió un alza de los precios industriales, lo que a su vez aumentó la inflación y los despidos de trabajadores. El desempleo se disparó hasta el 20% y causó un profundo malestar en trabajadores asalariados, siempre los más afectados por las sucesivas crisis. Los sindicatos de clase, ilegales para el gobierno, organizaron huelgas y manifestaciones, que se extendieron hasta finales de los años 70.

En este contexto discurren los hechos de este relato. Las cifras de muertos y heridos desgraciadamente son reales.

VITORIA, 3 DE MARZO DE 1976

Al caer de la noche, entró Arantxa Uribarri en la cafetería Txelu en el casco antiguo de Vitoria. Mientras buscaba con la vista a su amigo Andoni Txasko, oyó las noticias del telediario:

—*... Mañana, tres de marzo de 1976, el ministro de la Gobernación, D. Manuel Fraga Iribarne, viajará a Bonn, capital de la República Federal Alemana, para entrevistarse con el Canciller Willy Brandt y estrechar los lazos entre los dos países.*

Preguntado por la huelga general en las Vascongadas, el ministro recordó que la ley prohíbe huelgas y manifestaciones y advirtió de la presencia de elementos incontrolados y piquetes ilegales —y que la policía no toleraría dichas actuaciones, ni vandalismo de ningún tipo. El ministro afirmó: —Estoy en comunicación constante y directa con los gobernador civiles. Responsabilizo desde aquí de posibles consecuencias a los organizadores de actos ilegales y vandálicos, a aquellos que siguen echando a la gente a la calle. Dichos responsables serán perseguidos con todo el peso de la ley...—

—Fraga... ¡bah!—, masculló entre dientes la chica.

Al fondo, cerca de la cristalera, vio a su amigo Andoni.

Éste la contemplaba, mientras una media sonrisa afloraba a sus labios.

—Hola, Andoni. —Hola, Arantxa. ¿Qué tal va eso? —

—Liadísima; la huelga, ya sabes... Desde que la patronal y el gobierno recortaron los salarios a primeros de enero está la cosa muy caliente en la fábrica. En *Forjas Alavesas* Llevamos dos meses de huelgas intermitentes y desde anteayer el sindicato ha convocado una general.

Andoni dijo: —Estoy al tanto. Nosotros también nos hemos puesto en huelga en el taller desde ayer lunes.

—Mi hermana Mamen es la secretaria de dirección de nuestra empresa, Forjas Alavesas. —Dijo Arantxa. —El domingo me contó que su jefe la hizo llamar al gobernador civil. Como la puerta del despacho estaba abierta, pudo oír cómo exigía al gobierno que parara los pies a los revoltosos.

—Y, ¿qué vais a hacer? —Preguntó Andoni.

—Seguir adelante, naturalmente. Los *grises* no nos dan miedo. Vengo de una reunión de *Comisiones*. Vamos a formar un piquete a la empresa de madrugada, para impedir que alguien del primer turno se *raje.*

—Ten cuidado, Arantxa. Esta gente no se anda con chiquitas.

—Nosotros tampoco. Estamos dispuestos a todo.

EN LA FÁBRICA

Un grupo de trabajadores acababan de formar un piquete para recibir al turno entrante. Los guardas de seguridad llamaron al director de personal: —Señor Casado, hay un piquete a la puerta de la fábrica, ¿qué hacemos? —Aitor Casado bufó: —No hagan nada por ahora. Voy para allá. —Al poco rato apareció en su BMW que dejó en una calle lateral, pues la puerta estaba bloqueada por los huelguistas.

Algo más tarde un autobús entró en la plaza. Arantxa miró su reloj: las seis y media. Era el bus de la empresa, con los trabajadores del primer turno. Arantxa se subió a un cajón y encendió el megáfono: —¡Compañeras! ¡Compañeros! Con sus últimas medidas, la empresa quiere bajarnos el sueldo, condenándonos a todos a la pobreza. Mientras tanto, ellos siguen ganando su dinero y fumándose sus puros... ¿Vamos a permitirlo sin hacer nada? —Arantxa hizo una pausa.

—¡No! —Retumbó la respuesta unánime del piquete, al tiempo que patearon el suelo al unísono. —La patronal y el gobierno tienen otros intereses y están dispuestos a pisotearnos para conseguirlos —continuó Arantxa. —¿Cómo vamos a defender nuestros derechos? ¿Dónde les duele más? —

—¡En el bolsillo! —Coreó el piquete. —!Huelga!

Los trabajadores del piquete comenzaron a golpear el asfalto con los palos de las pancartas. Otros daban palmadas o golpeaban periódicos rítmicamente contra sus muslos. Un escalofrío recorrió la espalda de Andoni al ver a su amiga Arantxa liderando al grupo de trabajadores y a la vez capturado por los cánticos y ritmos. Algo en cierto modo atávico.

Muchos de los trabajadores que llegaron en el autobús se unieron al piquete. Alguno, en cambio, intentó entrar. Los miembros del piquete se movieron, bloqueando la puerta de la fábrica e impidiendo el acceso al grito de —¡Esquiroles!

En ese momento salió Casado, el jefe de personal con un megáfono. —¡Empleados! Las manifestaciones están prohibidas. Entrad inmediatamente a trabajar. Si no, llamaré a la policía.

El piquete continuó con los golpes en el suelo y abucheó al jefe de personal.

Arantxa empezó a gritar: —El pueblo, unido, jamás será vencido… —al compás de los golpes.

Casado llamó al gobernador civil, Rafael Landín. —Señor gobernador, soy Casado, jefe de personal de Forjas Alavesas. Los piquetes me están bloqueando la fábrica. Hay que hacer algo…

—Yo me encargo, Casado. Se van a enterar estos *rojos*… —

Landín se dirigió a su secretaria: —Maruchi, póngame con el ministerio de la gobernación en Madrid. —Señor Gobernador, le paso con el subsecretario: el ministro está de viaje en Alemania. —Contestó la secretaria.

—¿Señor Subsecretario? Soy el gobernador civil de Álava. Unos incontrolados están causando disturbios. Estamos desplegando nuestras unidades de la Policía Armada y he llamado a la reserva de Miranda de Ebro, pero necesito refuerzos cuanto antes.—

—Sí, Señor Gobernador. Le mandamos la segunda compañía de reserva. Salen de Valladolid, llegarán por la tarde. —El Gobernador colgó el teléfono y se dirigió a su secretaria: —Maruchi, llame a la comandancia de la policía. —

—¿Capitán Quintana? Soy Rafael Landín, el Gobernador. Despliegue a sus hombres y restablezca el orden por todos los medios y a cualquier precio. He hablado con el ministerio y nos mandarán refuerzos. Llegarán por la tarde. —

—A sus órdenes, señor Gobernador.

~

A LA PUERTA de la fábrica, uno de los miembros del piquete gritó: —¡Que vienen los *grises*!

—¡Nos vemos esta tarde en la asamblea en la iglesia de San Francisco de Asís!—Gritó Arantxa a sus compañeros de piquete. Los trabajadores se escabulleron por las calles laterales mientras los *Land-Rovers* de la policía formaban un círculo alrededor de la puerta de Forjas Alavesas.

Al pasar por delante del coche del jefe de recursos humanos, uno de los miembros del piquete paró y, agachándose, clavó un destornillador en los neumáticos del flamante BMW 323i rojo. —Casado tendrá un buen recuerdo de la huelga… —exclamó, con una mueca.

POR LA CIUDAD

Arantxa se subió a la furgoneta de Andoni, una DKW antigua, de un color indefinible, una especie de azul desteñido, casi grisáceo. Andoni arrancó el motor con cierto esfuerzo y la furgoneta bajó por la N-240 hacia el centro de Vitoria. Aparcaron en la calle Gamarra, pues no eran todavía las nueve y aún quedaba tiempo por delante. Entraron en un pequeño café para tomar algo. —¡Cerramos a las nueve! Ya sabéis, la huelga... —dijo el camarero.

—Pónganos por favor dos cafés con leche y unos churros. Nos vamos enseguida. —Dijo Arantxa.

Tras consumir el desayuno, Arantxa y Andoni siguieron andando, dejando la furgoneta aparcada mientras el encargado del bar echaba el cierre.

Cruzaron la Avenida de Zaramaga en dirección al casco antiguo. Había pocos coches por las calles. Vieron grupos de trabajadores que empezaban a reunirse para formar piquetes. y Arantxa y Andoni se unieron a ellos. Se aceraron a una tienda que estaba abierta. —¡Señora! ¿Cómo es que abre usted? ¿No sabe que hay huelga general? —

—¡Largaos de aquí, malnacidos!—Bramó un hombre, saliendo de la trastienda empuñando una escopeta de caza de dos cañones. —Si no, os vais a enterar de cómo me las gasto...—

—Amigo, no es para ponerse así —empezó uno de los del piquete, intentando aplacar al individuo.

—Yo no soy amigo vuestro, rojos asquerosos. ¡Fuera de mi tienda antes de que haga un disparate!—

En ese momento un ladrillo impactó contra el escaparate y el cristal saltó en pedazos. Los miembros del piquete se dieron la vuelta y salieron corriendo calle abajo, intentando ponerse a salvo del energúmeno. Mientras corrían oyeron un disparo de postas. —¿Estáis bien?" Preguntó Arantxa a sus compañeros. —No nos ha acertado el bestia ese." Contestó uno. Por suerte las bolas de plomo no habían alcanzado a nadie.

En el parque de Molinuevo se unieron a otros grupos de trabajadores. Muchos Llevaban pancartas convocando a la huelga general. La improvisada concentración empezó a desfilar por las calles de Vitoria.

Los manifestantes empezaron a oír sirenas acercándose a la plaza de Bilbao. Varios coches y furgonetas entraron en la plaza y las dotaciones de policías con equipamiento antidisturbios se desplegaron frente a los manifestantes. —¡Ciudadanos! Las manifestaciones están prohibidas ¡Disuélvanse!"

—El pueblo, unido, jamás será vencido..." entonaron a coro los manifestantes.

—¡Adelante!" ordenó el oficial al mando, el capitán Quintana. Los policías empezaron a disparar balas de goma y a lanzar botes de humo en dirección a la gente. Envuelta en una nube de gases lacrimógenos, Arantxa empezó a toser y se tapó la boca con un pañuelo para el cuello. Vio como otros manifestantes, con pañuelos tapándoles la nariz y la boca, lanzaban piedras contra los policías. Algunos Llevaban gafas de soldador para defenderse de los gases.

Varios manifestantes tenían tirachinas y hondas y lanzaban rodamientos hacia las filas de policías. Los proyectiles chocaban contra los cascos o los escudos de los antidisturbios, que redoblaron sus disparos. A los humos de los gases lacrimógenos se sumó el humo de varios contenedores de basura que estaban en llamas.

—¡Carguen!" Ordenó Quintana a las filas de policías que se habían mantenido a la expectativa. Los *grises* empuñaron las porras y corrieron hacia los manifestantes, pegando sin contemplaciones a hombres y mujeres, sin distinciones de edad. También pegaron a unos pocos que estaban atendiendo a manifestantes heridos por las pelotas de gomas lanzadas por los antidisturbios.

Las filas de los trabajadores empezaron a retroceder. Los antidisturbios siguieron lanzando botes y pelotas de goma y los grises dando porrazos a diestro y siniestro.

—¡Arantxa, vámonos!—Dijo Andoni al ver que un grupo de policías corría en su dirección.

"De acuerdo. Nos vemos dentro de un rato en la iglesia." Contestó ésta, dándose la vuelta y echando a correr a grandes zancadas.

MUERTE EN LA IGLESIA DE SAN FRANCISCO

Los trabajadores de Forjas Alavesas se acercaron por la tarde a la iglesia de San Francisco de Asís. La nave se iba llenando de obreros. Arantxa y Andoni empezaron a apartar los bancos para hacer sitio en el centro de la iglesia. Los compañeros ayudaban y pronto hubo un gran espacio debajo de las cristaleras. El hueco se llenó en poco tiempo con la gente que seguía entrando.

—¿Cuánta gente crees que hay? —Preguntó Andoni.

—Contando a la gente de la calle, por lo menos tres mil. Quizá más. —Contestó Arantxa. A continuación se subió al púlpito por la escalera de piedra. Encendió el micrófono y arengó a los asistentes: —¡Compañeros! Si nos mantenemos unidos acabaremos consiguiendo nuestros objetivos. La empresa no tendrá más remedio que aceptar nuestras condiciones y mantener lo acordado en el convenio.

—Y ¿cuánto más seguirá la huelga? —Preguntó uno de los presentes.

—¡Hasta el final! —Contestaron a voz en cuello todos los demás obreros. En la pausa subsiguiente empezaron a oír las sirenas de la policía acercándose.

—Compañeros, no os preocupéis. —Dijo Arantxa. —No estamos haciendo nada malo.

Los manifestantes en las calles de los alrededores miraban con recelo a los coches de los *grises* entrando en la plaza. Los policías y los antidisturbios se desplegaron alrededor de la iglesia, formando un cordón de varias filas de agentes.

—Desalojen la iglesia y disuélvanse! —Bramó el capitán Quintana por el altavoz de uno de los coches.

El párroco salió a pedir calma. —Aquí no está pasando nada excepcional. La gente está reunida tranquilamente. No van a salir. Según el *Concordato*, la policía on puede entrar en las iglesias...

—¡Apártese, *Páter*! Yo tengo mis órdenes. —Contestó Quintana. —¡Lancen botes de humo a las cristaleras! —Ordenó a continuación. Los agentes dispararon las granadas de gases lacrimógenos a las vidrieras. Los cristales saltaron en pedazos, cayendo hacia el interior de la nave. La gente dentro De la Iglesia empezó a gritar y los que estaban debajo de las ventanas se intentaron apartar para evitar la lluvia de fragmentos de cristal.

Los botes empezaron a desprender un humo gris que atacó la nariz y los ojos de los presentes. Muchos intentaron salir, pero había demasiada gente y los empujones y los atropellos se sucedieron. Andoni cayó al suelo, llevándose una mano a la cara, al tiempo que gritaba.

—¿Qué tienes, Andoni? ¿Qué te pasa? —Preguntó Arantxa, acercándose a su amigo. Este tenía la cara ensangrentada: un trozo de cristal le había hecho un corte al lado del ojo izquierdo. Andoni se lo tapaba como podía. Arantxa sacó un pañuelo del bolsillo y se lo apretó sobre la herida para contener la hemorragia. —Ven, Andoni. Vamos a salir y Llevarte a que te curen el corte.

Fuera de la iglesia los policías atacaban a los que salían por las puertas laterales, pegándoles con las porras. De repente se abrieron las puertas de la fachada principal y los asambleístas salieron corriendo en todas direcciones.

—¡Fuego a discreción!—Ordenó Quintana. —Francotiradores, ¡a sus puestos!

Los antidisturbios empezaron a disparar bolas de gomas, que impactaban con gran fuerza en los cuerpos, cabezas y caras de los trabajadores que trataban de huir. Los disparos sordos de los fusiles lanza-pelotas se mezclaban con los más secos de los fusiles de munición real.

Paco, un ayudante de panadero de apenas 17 años se escondió detrás de un coche aparcado en la calle. Varias pelotas de goma silbaron alrededor de su cabeza. De repente, recibió el impacto de una bala disparada por un francotirador de la policía apostado en el techo de uno de los furgones. Paco cayó al suelo, con el pecho ensangrentado. Sus ojos abiertos miraban al cielo. Otras cuatro personas murieron esa tarde por disparos de la policía en la iglesia de San Francisco.

Arantxa salió al callejón, Llevando medio arrastras a Andoni, que se sujetaba la improvisada compresa como podía. Al ver a un policía que se acercaba porra en ristre, Arantxa dio un empujón a Andoni. —Vete de aquí. Tienes que cuidarte ese ojo. —Dijo la chica.

El policía se le abalanzó, gritando: —¡*Rojos*! Os voy a enseñar quien manda aquí!— Andoni intentó esquivarle, pero un porrazo en la espalda la hizo trastabillar y acabó cayendo al suelo. El policía empezó a pegar a Andoni sin parar. El chico estaba tirado en el suelo, intentando protegerse de los golpes con el bolso y los brazos.

En ese momento se produjo un gran estruendo. Un

contenedor de basura empujado por Arantxa, se estrelló contra el policía, lanzándole contra la pared. El policía quedó en el suelo, inconsciente. Arantxa ayudó a levantarse a un maltrecho Andoni y apoyándose el uno en el otro se alejaron de la iglesia por las calles aledañas.

EPÍLOGO

En la manifestación de la iglesia de San Francisco de Asís murieron cinco personas por disparos de bala. Según fuentes de la policía se dispararon más de mil balas. Hubo 150 heridos, 43 de ellos por disparos. Como consecuencia de esta manifestación hubo otra huelga general en toda España el 8 de Marzo de 1976. Otro trabajador murió en Basauri por disparos de la policía.

El ministerio del Interior culpó a los organizadores. En vista de la gravedad de los incidentes, el Canciller alemán Willy Brandt condeno la violencia y canceló la reunión con el ministro español Fraga Iribarne.

Los hechos nunca fueron investigados ni enjuiciados.

Andoni Tasko se convirtió en el portavoz de la asociación de víctimas y familiares del 3 de Marzo, fundada en 1999. Al final, el gobierno español reconoció a los familiares de los obreros muertos y a los heridos como víctimas de la lucha por las libertades y la democracia en el marco de la Ley de Memoria Histórica.

NOTAS DE GRAMÁTICA

Vascongadas: País Vasco, Euskadi en la lengua vasca. El régimen franquista eliminó cualquier nombre o expresión que pudiera *debilitar* la unidad de España. Tanto el País Vasco (Álava, Guipúzcoa, Vizcaya y Navarra) como Catalunya (Cataluña en la grafía castellana) han tenido desde tiempos históricos una fuerte identidad nacional, así como una lengua y cultura propias. El franquismo reprimió cualquier manifestación de dicha identidad cultural, prohibiendo también el uso de las lenguas vernáculas.

Manuel Fraga Iribarne: ocupó varios ministerios en gobiernos de Franco. En 1976 era ministro del interior. Intentó acallar las protestas de la gente en la calle con violencia policial. Acuñó la tristemente famosa frase: *La calle es mía*. Durante la transición fundó con otros altos cargos franquistas un partido político —Alianza Popular— alineada ideológicamente con la CDU/CSU Alemanas y otras organizaciones de la democracia cristiana. AP se cambió de nombre a Partido Popular.

Grises (o La Poli): Policía Nacional. En esa época llevaban uniformes de ese color. En los años 80 cambiaron a un color marrón tabaco (llamados entonces *Maderos*, por la similitud con los troncos de los árboles) y actualmente van de azul oscuro.

Rajarse: Popularmente, echarse para atrás y no cumplir con algo acordado o prometido.

Rojos: Término despectivo con el que el bando franquista, vencedor de la guerra civil, denominaba a cualquiera que hubiera estado de parte del gobierno legítimo de la república. Por extensión, toda persona que se opusiera a cualquier decisión del régimen.

Churros: lazos de masa fritos en mucho aceite, con azúcar en polvo por encima. Muy típicos de Madrid.

Concordato: acuerdo del gobierno español con el estado Vaticano que regulaba las relaciones y actividades de unos y otros.

Páter: coloquialmente, sobre todo en círculos militares, sacerdote o párroco. También llamados curas. Del Latín, *pater*, padre.

www.ingramcontent.com/pod-product-compliance
Ingram Content Group UK Ltd.
Pitfield, Milton Keynes, MK11 3LW, UK
UKHW021936190726
13853UKWH00004B/1487

9 783968 360003